目　　録

出版説明 0001

索引 0001

金文族徽 0001

代後記 0331

出版説明

《金文編》一書最早是1925年由貽安堂印行,當時在學術界引起震動,成爲閱讀、研究金文的必讀書,也成爲學習書法、篆刻的字貼。商務印書館於1939年,在香港印行第二版。香港淪陷於日寇,大部被毀,僥幸傳世不多。1959年科學出版社印行了第三版。但以上三版均無編號,讀者使用不便。1985年中華書局在三版的基礎上有所增補、調整,並給圖形字加上序號。1937年羅振玉編輯的《三代吉金文存》爲金文拓本之大成。1957年于省吾編撰的《商周金文録遺》都是羅氏未曾著録的,資料極爲珍貴。兩書裝訂形式相同,便於讀者配套使用。以上讀書對本書的編纂補遺都提供了堅實的學術基礎。

本書是在1985年出版的《金文編·附録上》的圖形文字的基礎上補收的,定名爲《商周金文族徽選編》。本書有所增補,且均標有出處。

本書改變了中華版摹寫圖形本的做法,而根據原拓形印,目的是爲防止摹寫的失真或漏描,以更有利於讀者辯認。

本書所收金文圖形字,均標明其時代、著録、收藏處等。其中,關于時代,商代分早期、中期、後期及商代後期或西周早期,西周分早期、中期、晚期,春秋分前期、後期,戰國分前期、後期。關於著録,《三代吉金文存》(中華書局,1983年)在本書中簡稱《三代》,《殷周金文集成》(中華書局,2007年)在本書中簡稱《集成》,《續殷文存》(考古學社,1935年)在本書中簡稱《續殷》,《商周金文録遺》(科學出版社,1957年)在本書中簡稱《録遺》。關於收藏,均標明在國內外各博物館、美術館等收藏單位或個人某氏加以説明。目的是便於讀者對漢字初文的源流發展有一個歷史的了解。

青銅器金文中,有單體和復合體兩類。而《金文編》中圖形字,绝大部分是從復合體圖形中切割出來的。本書則將其單體恢復了原貌。

　　《金文編》有些圖形在摹寫時的切割和分類，對前賢收輯中的錯誤多有延續，沒有指出或糾正，本書對此嘗試作了一些匡正糾謬的工作，希望引起學界的指正。

索 引

	0001	0001	0002	0003	0004	0005	0006
	0008	0009	0010	0013	0013	0014	0015
	0017	0027					
	0039	0040	0041	0042	0043	0044	0047
	0049	0057	0059	0060	0061	0062	
	0063	0064	0066	0067	0068	0073	0077
	0079	0080	0082	0083	0084	0085	0086
	0087	0088	0089				

火	0090	0092	0093	0094	0095	0096	0097
	0098	0099	0100	0101			
大	0104	0124	0128	0131	0132	0133	0134
	0135	0141	0145	0147	0148	0149	0150
	0152	0153	0158	0160	0161	0170	0172
	0173	0174	0183	0195	0196	0197	0198
	0201	0204	0205	0208	0209	0210	0211
	0212	0215	0217	0221	0222	0223	0224
	0225	0228	0230				

弔	0288	0290	291			
人	0293	0295				
囧	0297					
士	0302					
甘	0307					
丫	0310					
元	0316	0321				
舍	0322					
甾	0325					
个	328					

金文族徽

父己簋

時代　西周早期
著錄　《集成》3108
收藏　陝西武功縣文化館

父丁爵

時代　商代後期
著錄　《續殷》下　25.4
　　　《集成》8449
收藏　上海博物館

乙㐰觚

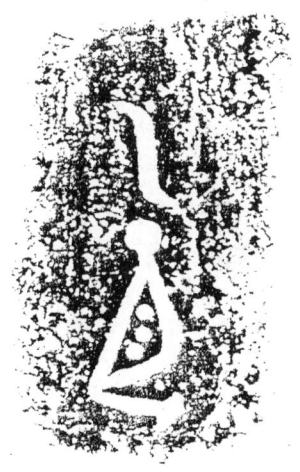

時代　商代後期
著錄　《集成》6823
收藏　上海博物館

爵

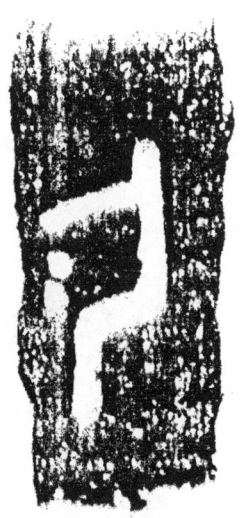

時代　商代後期
著錄　《集成》7343
收藏　上海博物館

本圖形初版即錄 兒鼎銘文一件。

《集成》釋兒。

方濬益曰："説文部首兒，頌儀也。從人，白名勝人面形。貌，或從頁、豹省、聲貌。籀文兒，從豹省，此與部首同爲古文。"

李孝定曰："諸家並釋此爲兒，以與小篆形同也，可備一説。"

兒　《説文》第314個部首。"兒，頌儀也。从人，白象人面形。兒或从頁，豹省聲。貌，籀文兒从豹者。"甲文作兒，小篆承形根據。貌从豸（即豹字），兒聲，即古貓字（簡體猫字），説文無貓字。

　鼎

時代　商代後期
著録　《三代》13.47.7
　　　《集成》9111

本圖形二版即錄，《集成》隸爲(像)觚。

李孝定曰："字疑'卯、朿'二字合書。"

卯　甲文作，象二人相向之形。釋義：鄉也。《說文》誤釋爲"事之制也"。二"人"形或著"口"，或不著"口"。"卯"字與卯字形、義不一。

朿　甲文作，從木、從朿，字象木有朿形。金文形，義相同。高鴻縉釋："有刺之木，字倚木畫刺形，由文木生意。名詞有刺之木如棘桔之類。"《說文》："木芒也，象形。讀若刺。"按本圖形似二人（或一人相同）植棘樹之意。以種植物爲業的族徽，待考。

觚

時代　商代後期
著錄　《三代》16.39.7
　　　《集成》6787

本圖形初版即錄🅥父己爵銘文一件。

李孝定曰："疑🅥（卿）之異構。"

卿　《説文》："卿，章也。六卿：天官冢宰，地官司徒，春官宗伯，夏官司馬，秋官司寇，科官司空。从卯、皂聲。"甲文作🅥🅥🅥，從二跪坐之人，從一食具。象兩人相向就食之形，爲饗字之初文，本義爲饗食，引申爲向。金文作🅥🅥🅥與甲文同形。《説文》之説非本義。

饗　《説文》："饗，鄉人飲酒也。从食从鄉，鄉亦聲。"李孝定曰："古文公卿之卿，鄉黨之鄉，向背之向，饗食之饗並爲一字。"後世析爲幾形。有甲骨文🅥形（合4335）與本圖形近似，可証。

父己爵

時代　商代後期
著録　《三代》16.13.4
　　　《集成》8542

本字形，三四版採録單光觚銘文一件。

李孝定曰："不識爲何字。"（專指單，光合文。）

單 《説文》："大也，从□□甲，□□亦聲，闕。"鈕樹玉云："説文無甲，故云闕。""許君蓋不知單字本義。"關於單字舊説有種種。單甲文作丫丫单单，此字初形應象捕單之幹，作丫形，後於兩歧之端縛石塊而成单形，更於歧下縛以繩索，使之牢固，遂成单形。此即説文單字篆文所本，林義光云："當爲蟬之古文，象形，象○○雙目，下象腹尾也。"羅振玉謂："蓋與獸同意。"丁山謂："古謂之單，後世謂幹。單幹蓋古今字也。"一個單字，論説不簡單，全文作单单，與甲文形同，僅以文筆劃爲圓筆劃而已。暫不細論，待後細説。

光 《説文》："明也。从火在人上，光明意也，炗炗古文形。"甲文作𤆍𤆍𤆍，全文作𤆍𤆍炗，形、義相同，均爲姓氏。本圖形應爲單、光二族複合圖徽。單爲地名有東單、西單、南單、北單等説。

　　　　單　光　觚　　　　　　　　　　單　光　觚

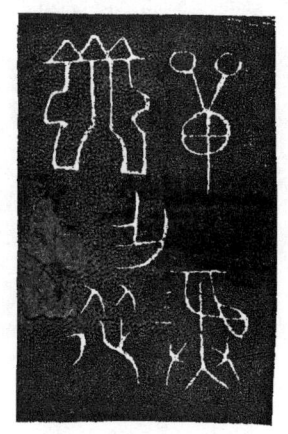

時代　商代後期　　　　　　　　　　時代　西周早期
著録　《録遺》303　　　　　　　　著録　《集成》7273
　　　《集成》7018
收藏　北京故宫博物院

單光盉

時代　西周早期
著録　《集成》9396

父辛爵

時代　商代後期
著録　《續殷》下　29.8
　　　《集成》8600

單光爵

時代　商代後期或西周早期
著録　《録遺》446
　　　《集成》8163

單光方鼎

時代　西周早期
著録　《集成》2055

單光方鼎

時代　西周早期
著録　《集成》2056

兟單簋

時代　西周早期
著録　《集成》3441

鼎

時代　商代後期
著録　《三代》2.5.8
　　　《續殷》上　8.1
　　　《集成》1032
註：與528號同器

壴卣

時代　西周早期
著録　《集成》5401.1-2

本圖形爲四版新增補73種圖徽之四，《集成》未釋。

　　按圖右爲允字，左爲丁字，疑允、丁二族合徽，解形釋意如下，請教專家學者。

　　允　《說文》："信也，从兒㠯聲。"甲文作 ₹（佚227）₹ ₹，羅振玉以爲像人回顧形，李圃以爲像人誠敬之形，高鴻縉以爲字像倚人畫其點首允許之形，趙誠以爲家像人鞠躬低頭，雙手向後下垂，以表示恭敬，誠信的樣子。諸說未定，李孝定曰："契文作₹若₹，象形，羅謂象人回顧之形，亦未必然，其義則爲信，以許訓同。"金文作₹（班簋）形意相同。

　　丁　《說文》："夏時萬物皆丁實，象形。"甲文作 □ ○ ●，或謂像釘形，或謂像城邑、金餅、人顛頂，與口形義俱近。有的填實，同意。

時代　商代後期
著錄　《集成》6574
收藏　美國紐約魏格氏處

本圖形三版已録。

李孝定曰："字不可識。"《集成》釋北。

方濬益曰："按此字爲二人相背之形，是國名，又作邶，或作鄁。王國維疑此即燕，即今河北淶北縣。"

高鴻縉曰："按此乃違背之背，爲順從，爲相向，爲違背，皆取象於人，自後世借爲南北之北。通假肩背之背，以爲違背。而肩背之背，説文解釋甚明，背脊也，從肉，北聲，與違背有別。"

北 《説文》："乖也。从二人相背。"唐蘭曰："北由二人相背，引申而有二義：一爲人體之背，一爲北方。"

邶 《説文》："故商邑，自河内朝歌以北是也。从邑，北聲。"古國名，周武王封殷紂王之子武庚於此，即今河南淇縣以北。亦是姓，封武庚於邶，以國爲氏。

北 爵

時代　商代後期
著録　《録遺》389
　　　《集成》7402
收藏　美國紐約薩克勒氏處

（竟）

　　本圖形初版錄055-3竟父戊觥蓋器銘文二件，二版至四版增補055-1竟鼎、055-2竟卣、055-4竟父辛觶、055-5竟且辛卣銘文四件，這次新增補竟簋等五件。

　　李孝定曰："此與036爲一字，當釋竟。"（見036圖形）

竟　鼎　　　　　　　　　　　　竟　卣

時代　商代後期　　　　　　　　時代　西周早期
著錄　《三代》2.52.1　　　　　著錄　《三代》13.21.5
　　　《續殷》上　21.6　　　　　　　《集成》5253
　　　《集成》2058

竟父戊觥

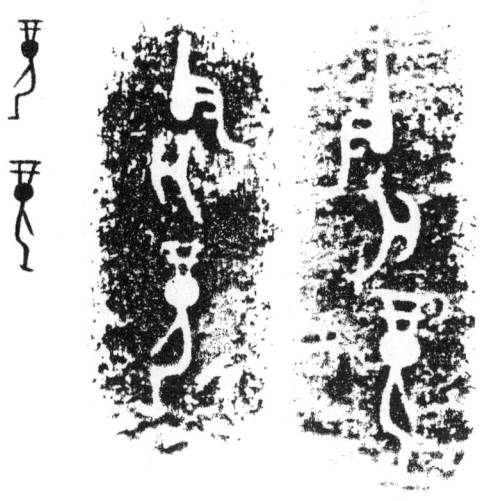

時代　商代後期
著録　《三代》17.23.5-6
　　　《集成》9276.1-2
收藏　美國舊金山亞洲藝術博物館

竟义辛觶

時代　西周早期
著録　《三代》14.45.7
　　　《集成》6299
收藏　台北"中央博物館"

竟且辛卣

時代　西周早期
著録　《三代》12.46.8
　　　《續殷》上　71.11
　　　《集成》4896
收藏　美國紐約大都會美術博物館

簋

時代　商代後期
著録　《録遺》114
　　　《集成》2936

（竟）

竟作父辛卣（盖）   竟　尊

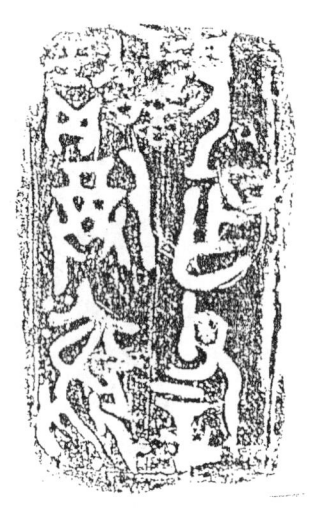

時代　西周早期
著録　《集成》5286
收藏　上海博物館

時代　西周早期
著録　《集成》5862
收藏　上海博物館

亞竟觚   戈

時代　商代後期
著録　《集成》6971
收藏　法國巴黎賽爾諾什博物館

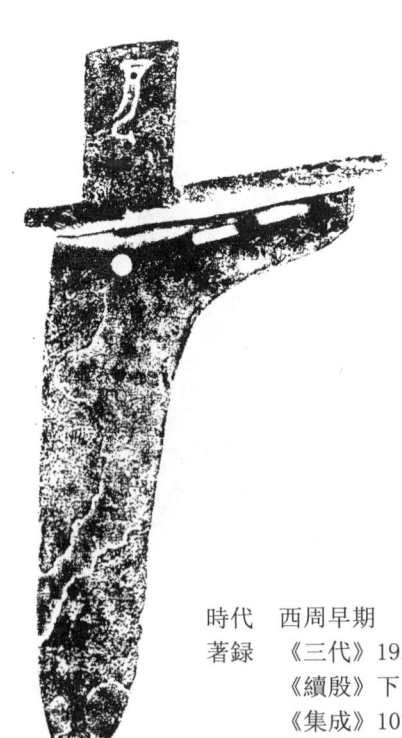

時代　西周早期
著録　《三代》19.26.1
　　　《續殷》下　90.1
　　　《集成》10788
收藏　北京故宮博物院

本圖形初版即錄父乙真觚銘文一件，四字。

李孝定曰："不可識，與甲骨文字略近。"《集成》釋微。

微 《說文》："隱行也。从彳、散聲。《春秋傳》曰：白公其徒微之。"《春秋左傳》說："白公的徒衆把他的屍體隱匿在山上。"

劉心源曰："紂畿內國名（陝西郿縣地）。"郿、微古通用。

胡原宣曰："甲骨文言'風曰凯'，凯即微。"南之風曰凯，甲文作等形。古字行、辵、彳同義，偏旁每多混用。

（凯、散、微實一字，但形義略差異，微行而凯、散廢。）

父乙莫觚   爵

   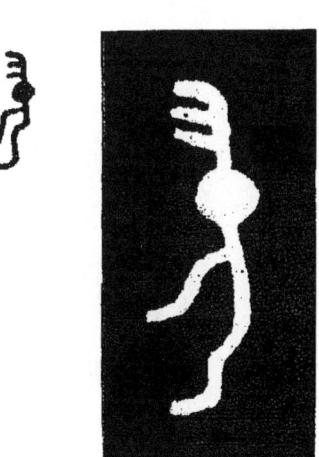

時代　商代後期
著錄　《三代》14.38.11
　　　《續殷》下　45.12
　　　《集成》7264
收藏　台北"中央博物院"
註：与157号同器

時代　商代後期
著錄　《集成》7346

本圖形初版只錄此銘文一件。

方浚益釋抱壺形曰："此子下人所抱者圜壺也。"

李孝定曰："此疑配之異構，配字，説文訓酒色，以從酉、己聲。""酉字象酒尊形，字象人在尊旁，或祭時配享之義，此象人抱尊，其意亦同。下出（079圖形）一文與此同字。"本圖形配還是尊。《集成》釋尊，以形定義。釋配，以意定形，諸説不一。

尊 《説文》："酒器也。从酋，廾以奉之。"甲文作 ，從酉、從對手或從阜。字像雙手捧酒尊之形，本義是敬獻。

配 《説文》："配，酒色（酒的顔色）也。从酉，己聲。"甲文作 ，從酉，從卩（人），字像一跪坐之人於酒器前，以示先看酒色，有貪酒之意。對配字從、從卩（亦人），衆説紛紜，因未見古文之故。金文作 譌爲 ，小篆遂誤爲己偏旁。本圖形合古意。

子  爵

時代　商代後期或西周早期
著錄　《三代》15.29.6
　　　《集成》8072
收藏　北京故宮博物院

（㐫）

　　本組圖形，三版收録各種銘文十七件，補八十一件，計八十八件。

　　對各種圖形論説紛紜，釋意紛繁。吳闓生、於省吾、劉體智、容庚等釋先，羅振玉釋光，楊樹達釋子，魯實先釋㲋。

　　李孝定曰："予初疑免之異構，今諦審之，當以魯説爲長。免、㲋古蓋同實異名也。"

　　《集成》釋㐫。銘文款識"臣辰"，乃作器者人名。

 鼎

時代　商代後期或西周早期
著録　《三代》2.2.1
　　　《集成》1028

 臣辰父癸盉

時代　西周早期
著録　《三代》14.8.1
　　　《集成》9392
收藏　台北"中央博物院"

商周金文族徽選編

士上盉

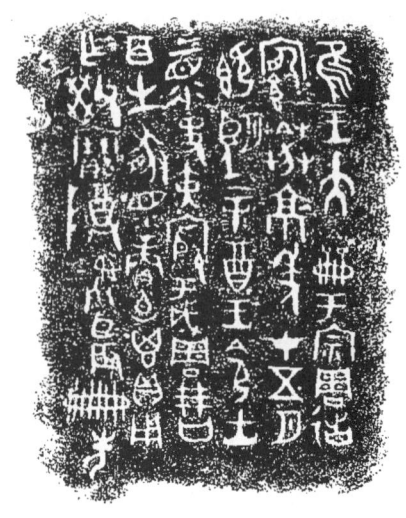

時代　西周早期
著錄　《三代》14.12.2-3
　　　《集成》90454.1-2
收藏　美國華盛頓弗里爾美術博物館
註：　劉體智舊藏

臣辰父乙卣

時代　西周早期
著錄　《三代》13.10.1-2
　　　《集成》5150.1-2
收藏　美國梅葉爾氏處

戩見駒簋

時代　西周中期
著錄　《三代》6.45.1
　　　《集成》3750

臣辰父乙鼎

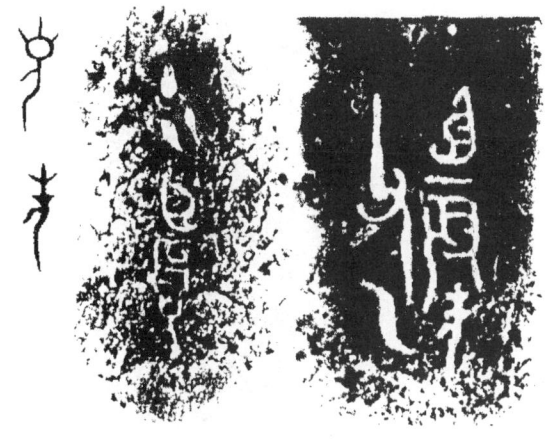

時代　西周早期
著錄　《三代》2.46.7-8
　　　《集成》2003-4

臣辰父乙爵

時代　西周早期
著錄　《三代》16.33.5
　　　《集成》8994
收藏　台北"中央博物院"

父乙臣辰簋

時代　西周早期
著錄　《三代》7.9.2-3
　　　《集成》3423.1-2
收藏　美國哈佛大學福格美術博物館

父乙臣辰卣

時代　西周早期
著錄　《三代》13.9.8
　　　《集成》5153
收藏　美國哈佛大學福格美術博物館

父乙鼎

時代　西周早期
著錄　《三代》2.19.8
　　　《集成》1531

父乙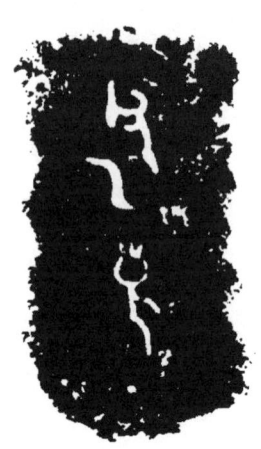簋

時代　西周早期
著錄　《三代》6.11.7
　　　《集成》3167

父乙簋

時代　西周早期
著錄　《三代》6.11.6
　　　《集成》3166
收藏　美國舊金山亞洲美術博物館

臣辰父癸鼎

時代　西周早期
著錄　《三代》3.8.7
　　　《集成》2135
收藏　遼寧旅順博物館

臣辰册父癸簋

時代　西周早期
著錄　《三代》7.16.1-2
　　　《集成》3522.1-2

作父癸簋

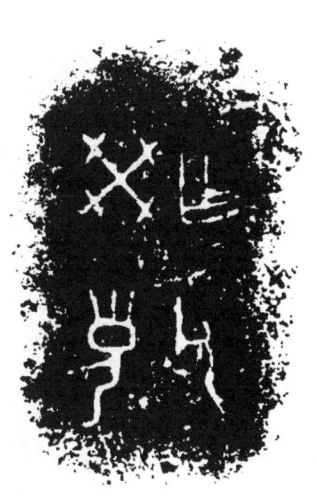

時代　西周早期
著錄　《三代》6.22.2
　　　《續殷》上　40.10
　　　《集成》3342

土上卣

時代　西周早期
著錄　《三代》13.44.1-2
　　　《集成》5421.1-2
收藏　日本神户白鶴美術館
註：　又名臣辰卣

作父乙簋

時代　西周中期
著錄　《三代》6.33.3
　　　《集成》3511

鬲

時代　商代後期
著錄　《集成》445
收藏　日本東京出光美術館

乃子作父辛甗

時代　西周早期
著錄　《三代》5.9.2-3
　　　《集成》924.1-2
收藏　遼寧旅順博物館

父辛鼎

時代　西周早期
著錄　《三代》2.27.3
　　　《集成》1633
收藏　北京故宮博物院

臣辰册父乙鼎

時代　西周早期
著録　《三代》3.1.4
　　　《集成》2115
收藏　美國紐約魏格氏處

臣辰册父乙鼎

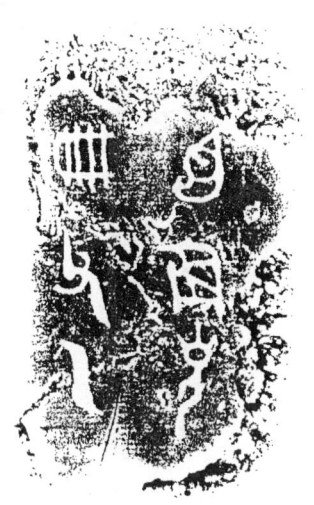

時代　西周早期
著録　《集成》2116
收藏　中國歷史博物館

臣辰父癸鼎

時代　西周早期
著録　《三代》3.8.7
　　　《集成》2135
收藏　遼寧旅順博物館

父乙簋

時代　西周早期
著録　《集成》3165
收藏　瑞士苏黎世瑞列堡博物館

作父乙𣪕

時代　西周早期
著録　《續殷》上　40.4
　　　《集成》3306
收藏　美國聖路易市浦才耳氏處

臣辰冊𣪕

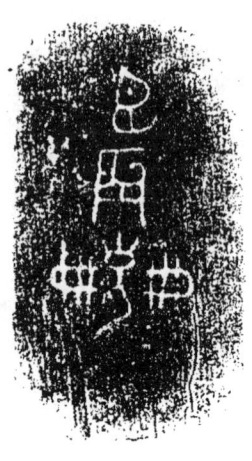

時代　西周早期
著録　《集成》3397
收藏　加拿大多倫多皇家安大略博物館

臣辰父乙𣪕

時代　西周早期
著録　《集成》3424
收藏　美國哈佛大學福格美術博物館

臣辰冊父乙𣪕

時代　西周早期
著録　《集成》3506
收藏　上海博物館

作父乙簋

時代　西周早期
著録　《三代》6.33.2
　　　《集成》3510
收藏　美國西點克林克氏處

臣辰冊父癸簋

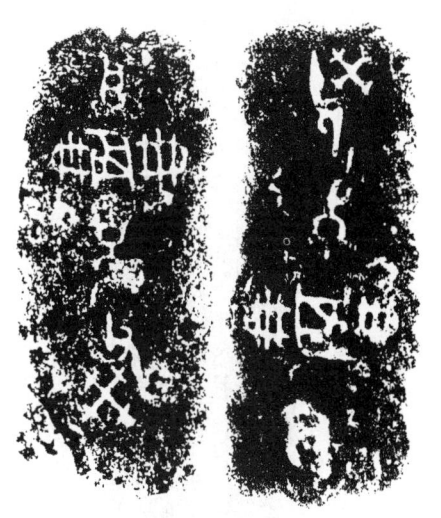

時代　西周早期
著録　《三代》7.16.3-4
　　　《集成》3523

作父癸卣

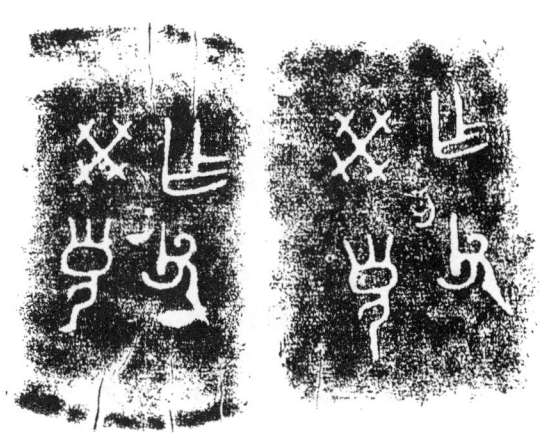

時代　商代後期
著録　《録遺》255.1-2
　　　《集成》5092.1-2

尊

時代　商代後期
著録　《集成》5443
收藏　美國米里阿波里斯美術館

臣辰父乙卣

時代　西周早期
著錄　《集成》5152
收藏　加拿大多倫多皇家安大略博物館

臣辰父乙卣

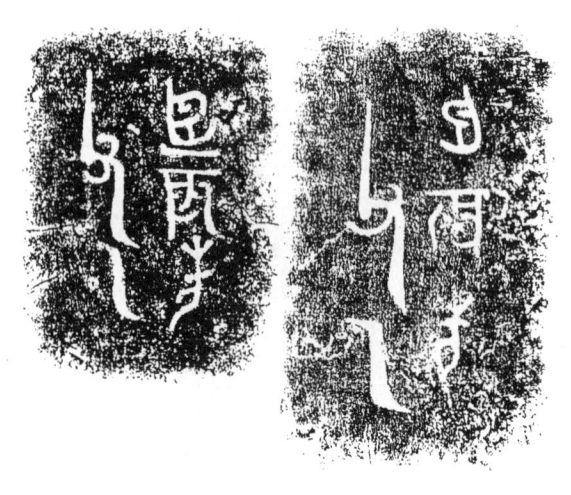

時代　西周早期
著錄　《集成》5149
收藏　北京故宮博物院

㔿枬父乙尊

時代　商代後期
著錄　《三代》11.14.1
　　　《集成》5721

且辛册尊

時代　西周早期
著錄　《集成》5718
收藏　上海博物館

䍙䏵父乙尊

時代　商代後期
著錄　《三代》11.14.2
　　　《集成》5722

作父乙尊

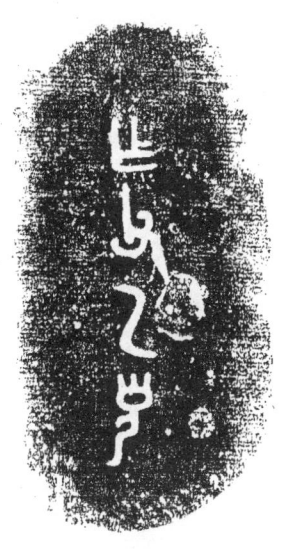

時代　西周早期
著錄　《三代》11.13.7
　　　《續殷》上　40.4
　　　《集成》5723

作从彝尊

時代　西周早期
著錄　《集成》5792

臣辰父乙尊

時代　西周早期
著錄　《集成》5795
收藏　北京故宮博物院

小臣辰父辛尊

時代　西周早期
著録　《三代》11.21.7
　　　《集成》5835

臣辰父癸尊

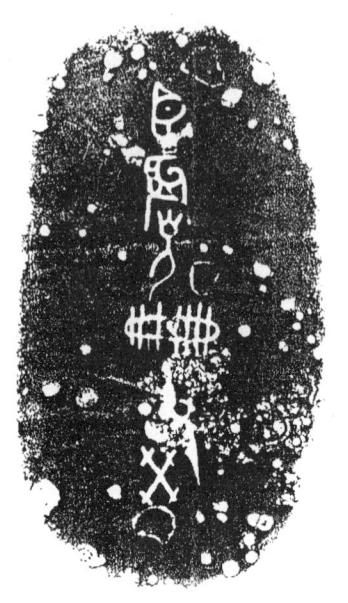

時代　西周早期
著録　《集成》5838
收藏　上海博物館

䴈（䲹）作父乙尊

時代　西周早期
著録　《集成》5895
收藏　日本大阪某氏處

士　上　尊

時代　西周早期
著録　《三代》11.35.3
　　　《集成》5999
收藏　日本神户白鶴美術館

觶

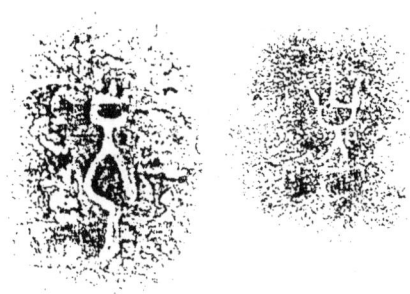

時代　西周早期
著録　《集成》6029.1-2
收藏　遼寧旅順博物館

龏觶

時代　商代後期
著録　《録遺》362
　　　《集成》6152

觚

時代　商代後期
著録　《三代》14.13.8
　　　《集成》6549

觚

時代　商代後期
著録　《集成》6550
收藏　北京故宮博物院

觚

時代　西周早期
著録　《三代》14.22.11
　　　《集成》7198
收藏　上海博物館

時代　商代後期
著録　《集成》6551
收藏　北京故宮博物院

丁　觚

時代　西周早期
著録　《三代》14.23.1
　　　《續殷》下　42.10
　　　《集成》7200

丁　觚

時代　西周早期
著録　《三代》14.22.12
　　　《集成》7199

羊㝊父觚

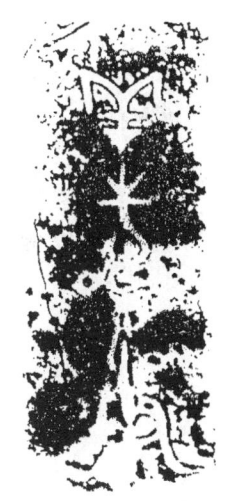

時代　西周早期
著録　《集成》7201

臣辰父辛觚

時代　西周早期
著録　《集成》7267
收藏　上海博物館

臣辰父辛觚

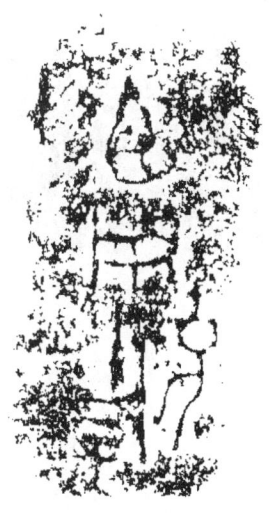

時代　西周早期
著録　《集成》7268
收藏　上海博物館

㝊爵

時代　商代後期
著録　《三代》15.2.4
　　　《續殷下》　1.12
　　　《集成》7347
收藏　上海博物館

爵

爵

時代　商代後期或西周早期
著錄　《集成》7348
收藏　美國紐約薩克勒氏處

時代　商代後期
著錄　《集成》7349
收藏　美國紐約薩克勒氏處

爵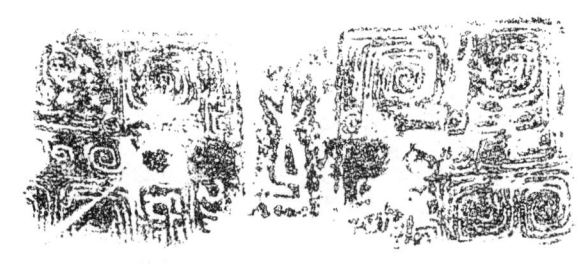

癸爵

時代　商代後期
著錄　《集成》7350
收藏　北京故宮博物院

時代　西周早期
著錄　《三代》15.28.5
　　　《續殷》下　17.4
　　　《集成》8066
收藏　廣東广州市博物館

爵

時代　商代後期
著録　《集成》7351
收藏　北京故宮博物院

爵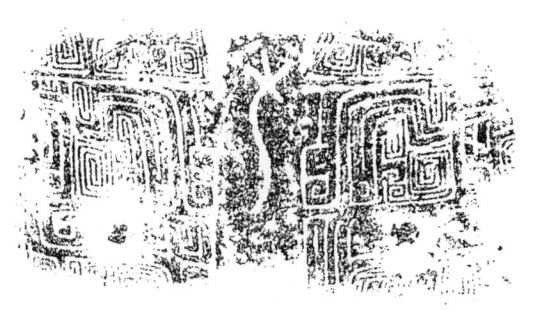

時代　西周早期
著録　《三代》15.9.8
　　　《集成》7353
收藏　台北"中央博物院"

册爵

時代　西周早期
著録　《三代》16.25.10
　　　《集成》8160
收藏　日本兵庫縣黑川古文化研究所

葡爵

時代　商代後期
著録　《集成》8241
收藏　日本神户白鶴美術館

𗀀父乙爵

𗀀父乙爵

時代　西周早期
著録　《集成》8385

時代　商代後期或西周早期
著録　《三代》16.4.1
　　　《集成》8343
收藏　北京故宮博物院

𗀀父乙爵

𗀀父乙爵

時代　西周早期
著録　《集成》8386
收藏　北京故宮博物院

時代　西周早期
著録　《集成》8387
收藏　美國夏威夷火奴魯魯美術學院

父己爵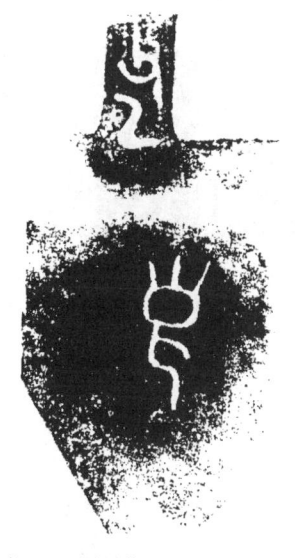

時代　西周早期
著録　《集成》8388
收藏　美國夏威夷火奴魯魯美術学院

父癸爵

時代　西周早期
著録　《集成》8671
收藏　美國斯坦福大學美術館

丁䇂爵

時代　商代後期或西周早期
著録　《三代》15.37.9
　　　《續殷》下　33.5
　　　《集成》8793

丁䇂爵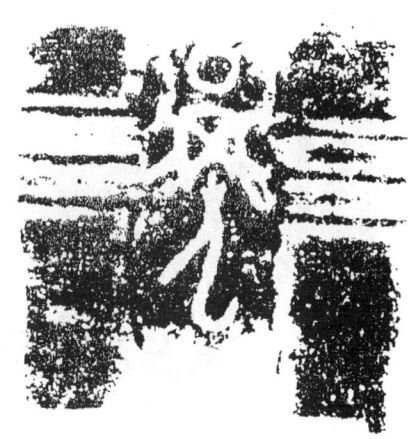

時代　商代後期或西周早期
著録　《三代》15.37.10
　　　《集成》8794

㞢作彝爵  田㞢父乙爵

時代　西周早期
著録　《集成》8831
收藏　北京故宮博物院

時代　西周早期
著録　《集成》8869
收藏　北京故宮博物院

㞢冊父辛爵  㞢冊父辛爵

時代　西周早期
著録　《集成》8947
收藏　上海博物館

時代　西周早期
著録　《集成》8948
收藏　上海博物館

臣辰🌣父乙爵　　　　　臣辰🌣父乙爵

時代　西周早期
著録　《三代》16.33.6
　　　《集成》8995
收藏　上海博物館

時代　西周早期
著録　《三代》16.33.7
　　　《集成》8996
收藏　上海博物館

羊🌣马父丁爵

時代　西周早期
著録　《三代》16.34.2
　　　《集成》9006

耳衕天父庚爵

時代　商代後期
著錄　《集成》9074
收藏　北京故宮博物院

盉

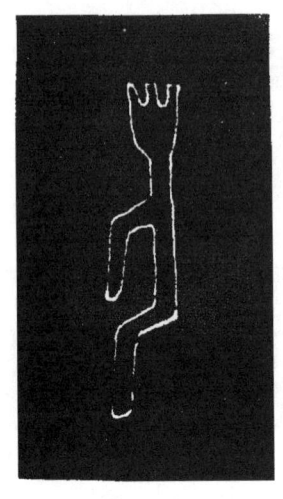

時代　商代後期
著錄　《集成》9306
收藏　美國紐約洛爾氏處

爵

時代　商代後期
著錄　《三代》13.47.3
　　　《集成》9109

臣辰父乙爵

時代　西周早期
著錄　《三代》16.33.8
　　　《集成》8997

亞壺　　　　　　　　臣辰冊盉

時代　西周早期　　　　時代　西周早期
著錄　《集成》9457　　著錄　《集成》9380
收藏　上海博物館　　　收藏　加拿大多倫多皇家安大略博物館

禽亞斝　　　　　　　侁咐器

時代　西周早期　　　　時代　商代後期
著錄　《三代》13.49.7　著錄　《三代》6.10.5
　　　《續殷》下　66.1　　　《續殷》上　35.11
　　　《集成》9194　　　　　《集成》10504
收藏　遼寧旅順博物館

臣辰侁册壶

時代　西周早期
著録　《三代》12.6.5-6
　　　《集成》9526.1-2

臣辰侁册盘

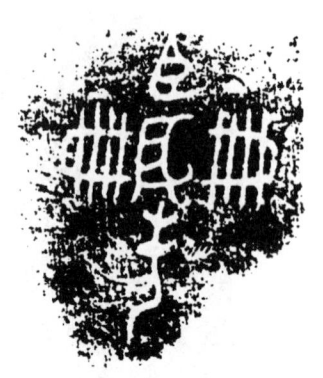

時代　西周早期
著録　《集成》10053
收藏　加拿大多倫多皇家安大略博物館

侁戈

時代　商代後期
著録　《集成》10641
收藏　美國布根博物館

觚

時代　商代後期
著錄　《三代》14.12.7
　　　《集成》6557
收藏　旅順博物館
註：原圖漏摹二點

時代　商代後期
著錄　《三代》15.28.1
　　　《集成》8060

作彝盉

時代　西周早期
著錄　《三代》14.5.7
　　　《集成》9368
收藏　北京故宮博物院

本圖形二版即録𢁥（扶）父癸爵銘文一件。

《集成》隸定𢁥，釋扶。

李孝定曰："象兩個相向，左似從企，右從丮。字不可識。古文人形偏旁，繪手並着指形者，必指手之動作，故此不得釋向。"

扶 《説文》："扶，左手。从手，夫聲。𢪅，古文扶。"（從攴、支、手、又通用。）甲文作𢪅，字象人相助之形，本義是扶助。

李孝定曰："契文象二人相扶將（今作將字）之形。古文大、天、夫均象人形。"

扶，古姓氏之一。相傳古禹臣有扶登氏，後改爲扶氏。本圖形疑爲扶氏族徽，待考。

（扶）父癸爵

時代　商代後期
著録　《録遺》456
　　　《集成》8681

本組圖形，二版錄054-1元礜、054-2氐鼎、054-4癸企爵。三版增補054-3㐱觚等銘文四件，是四個圖形文。

李孝定曰："此下四形，A形當即人字，B形未詳，CD均即企字。"按李氏釋意，有所差距，今析解如下。

元 《說文》："始也，从一从兀。"高田忠周曰："疑元字從人、從二，二亦古文上字，人首在上之意，在上即始之義也。"甲文作 π̄ 兀。戴家祥曰："元，首也。金文元作 π̄，為象形，特重頭部的刻畫。π̄為會意，從二從大，人體之上者首也。兀為指事。"

氐 《說文》："至也，从氐下箸一。一，地也。"李孝定曰："契文作 若 ，象人側立，手有所提挈之形，其初義當為提，以形近於氐之古文。"商承祚謂：" 乃氐羌之氐，小篆作 乃其從出。卜辭有合稱氐羌或單稱氐或羌者。"

㐱 《說文》："稠髮也。从彡，从人。"甲文作 ，唐蘭釋尿，字像人遺尿之形，假借為溺。金文作 ，與甲文形似。㐱初文，為族名、人名。註：原摹本漏二點。

企 《說文》："舉踵也。从人，止聲。 古文从足。"甲文作 ，像人形之獨立字，於人體下突出足部，後足部漸與人體分離，遂為從 從 之合體， 為說，文篆文所本，古文從足未變。

礜

時代　商代後期
著錄　《三代》13.47.2
　　　《集成》9108
收藏　美國火奴魯魯美術學院

鼎

時代　商代後期
著錄　《三代》2.2.2
　　　《集成》1027

本圖形二版即録🦶庚且辛爵銘文一件。

《集成》釋襄。

李孝定曰："字不可識，甲骨文有🦶字，地名，此與甲骨文🦶當爲一字，僅其下多增一'止'形，古文人形偏旁每多增足形，仍爲一字。地名與氏族之名，亦往往即爲一事也。"

襄 《說文》："漢令，解衣耕謂之襄。（漢朝律令説：解脱衣服耕種田地叫襄。）从衣，𡕍聲。""𡕍，亂也，從爻工交口口，一曰窒𡕍，讀若瀼。𤕦，籀文𡕍。"隸變作襄，兩字古通用。甲文作🦶🦶🦶🦶等形，作地名。金文作🦶🦶🦶於省吾考證，甲骨文作🦶，象人赤足之形，即本圖形🦶。與周初金文敬字🦶🦶等形相仿。許慎當時未能見到較早的字形，故《說文》對於訛變的字形結構常有差錯，有時常傳寫失真，但對字義，有所依據，很少隨意訓解。襄、可單用，也作偏旁。例：攘、壤、嚷、鑲、讓(讓)、孃(娘)曩、釀(釀)等。

🦶 庚且辛爵

時代　西周早期
著録　《三代》16.38.1
　　　《集成》9047
收藏　北京故宮博物院

本圖形爲四版新增補七十三種圖徽之七。

《集成》釋重。眾說略同，其義未盡通。

重　《說文》："厚也。从壬、東聲。"李孝定曰："重字古作等形。"從人，東聲。"象人負橐形。'東'者，橐之象形字也。"劉雨曰："甲文作，舊不識，按此即重字，字從人，從東，與金文同樣，採用借筆法，不同的是東字橫置。"《說文》謂重字"從壬，東聲"，乃是晚期構形。

高田忠信曰："按《說文》束，縛也，从口木，或作，从丨、。"本圖形即俅。

張日昇曰："金文作、，前者象束橐兩耑之形，後者象橫裹交縛之形，與東字形近。東象橐形，東束同源義別。"（重字形義見090圖形。）

己　重　爵

時代　商代後期
著録　《三代》15.27.3
　　　《集成》8043

本圖形二版即錄，《集成》釋埶、執。

李孝定曰："字不可識，疑與執字同意。"

埶 《說文》："種也。从坴丮，持亟種之。"古埶字，從木、從土，以手持木種之士也。與蓺同，俗作藝。甲文作，從人、從像一植物形，字像一人雙手種植物形，本義是種植。金文作，前期近似甲文。字本從丮持屮，或從木。

古文字偏旁中從屮、從木其意相同，常混用。

己爵　　　　　　　　　　　　己爵

時代　商代後期　　　　　　　　　時代　商代後期
著錄　《三代》15.27.7　　　　　著錄　《集成》8044
　　　《續殷》下　20.12　　　　收藏　上海博物館
　　　《集成》8045
收藏　北京故宮博物院

本圖形初版起已采録，《集成》釋及。

高田忠周曰："按説文據杖持也。從手，豦聲，古又手通用，又即杖持象形，此最古據字無疑矣。"

李孝定曰："高田氏釋爲據未諦，如支亦象持杖形，寧得解爲據字，此象一人持杖，而復有及之者。其右旁所以，疑即及字。亦與據之形意不合，宜存疑。"

及 《説文》："逮也。从又、从人。"郭沫若曰："及同逮，即逮捕之意，此爲本義，後借爲暨與之及，而本義遂失。"甲文作 ，從人，從又，字像一人在前，後有一手在捕捉（義爲捕人），金文作 形，與甲文略似。彶，古文及字，《説文》彶、及分用。及古文爲，當是逮之或體。

據 《説文》："杖持也，从手，豦聲。"可註："謂倚杖而持之也。杖者人所據，則凡所據皆曰杖。"

父辛尊

時代　商代後期
著録　《三代》11.18.8
　　　《集成》5802
收藏　北京故宮博物院

（企）

本圖形初版即錄，《集成》未釋。

方濬益曰："字作持杖形者。《說文》父，矩也。家長率教者，從又舉杖，此與舉杖殊異。然以五十杖於家之禮証之，自非耆老不得用杖，或爲父之異文，未可定也。"

李孝定曰："方氏疑此爲父之異文，未可據。辭云，子爲人名，象人執杖，與丯字同意，或即支（撲）之異文。"

父　陳獨秀曰："實乃舉斧以率耕，非舉杖以率教。"父字，甲文作夕 夕，金文作 ，從又、從丨，像手持石斧，乃斧之初文。郭沫若曰："石器時代寫子持石斧，以事操作，故孳乳爲父母之父。"古文字一般象形最先，指事次之，本圖形形意俱在。

子　 　爵

時代　商代後期
著錄　《三代》15.31.1
　　　《集成》8074

本圖形三版即録銘文彝器一件，圖形與074、075近似，《集成》釋爲"刞"字。

　　李孝定曰："字不可識。"王恩田曰："實爲企、刀二族複合族徽。刀字柄部係一綏帶形，可簡稱綏刀。"

　　刀　《説文》："兵也，象形。"甲文作），獨體象物字，像刀形，有柄有刃，一種割殺用的工具或兵器。古陶文作），金文作。有單獨刀形，有人手執刀形。金刀中無單獨之"刀"字，所謂"綏刀"之稱，尚未見形。增補的免觚銘文，《集成》亦釋爲"刞"字恐有誤，應爲（刀）字異體。

车 彞

時代　商代後期
著録　《録遺》209.1
　　　《集成》9776
收藏　北京故宫博物院

車☒鼎　　　　　　　車觚

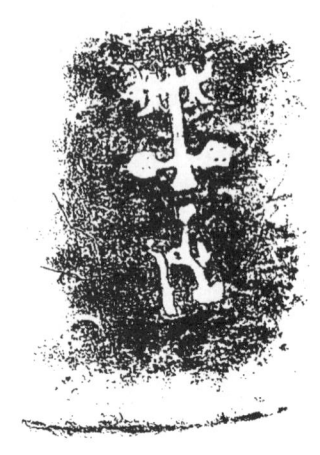

時代　商代後期　　　　　時代　商代後期
著錄　《集成》1456　　　著錄　《集成》7041
收藏　北京故宮博物院　　收藏　北京故宮博物院

車☒斝　　　　　　　☒兔觚

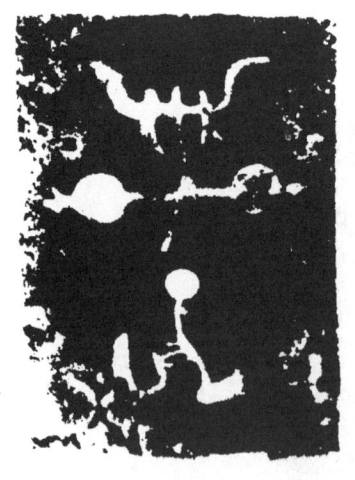

時代　商代後期　　　　　時代　商代後期
著錄　《集成》9197　　　著錄　《集成》7067
收藏　美國堪薩斯納爾遜美術博物館　收藏　河南考古所安陽工作站

本圖形初版錄何戊簋一件，二版錄何父癸甗卣、簋何父乙卣各一件，四版錄何馬觚一件，本書新增補何嬛及甗等廿五件，《集成》釋何。

有關此圖形字的隸定釋意，異說紛紜，有釋"子荷戈形"、古伐字，釋儋、釋枕、釋戍等均近義。郭沫若曰："字乃何（荷）之古文，象人荷戈形，後變爲形聲字之何，再變爲假借字之荷。"

李孝定曰："按《説文》：'何，儋也。从人，可聲。'象人負可（柯之初字）之形，可亦聲。"又《説文》："儋，何也。从人，詹聲。"朱駿聲曰："以背曰負，以肩曰儋，字亦作擔。"（擔即簡體字担）

何父乙卣　　　　　　　　何 戊 簋

　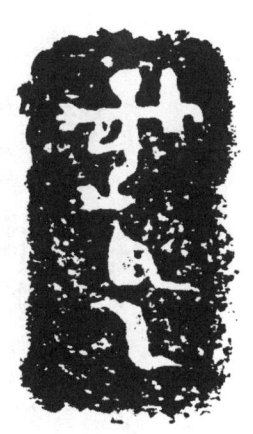　　　

時代　商代後期　　　　　　時代　商代後期
著錄　《三代》12.48.2　　著錄　《三代》6.8.1
　　　《集成》4910　　　　　　　《集成》3065
　　　　　　　　　　　　　　收藏　北京故宮博物院

何馬觚

何父癸寢卣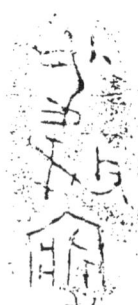

時代　商代後期
著錄　《集成》6997
收藏　北京故宮博物院

時代　商代後期
著錄　《三代》13.5.3-4
　　　《集成》5091.1-2

何父癸寢簋

何嬒奻甗

時代　西周早期
著錄　《三代》6.21.8
　　　《集成》3341

時代　西周早期
著錄　《集成》885
收藏　遼寧省博物館
註：何嬒奻，西周早期人

何鼎

時代　商代後期
著録　《集成》1010
收藏　加拿大多倫多皇家安大略博物館

何父丁方鼎

時代　商代後期
著録　《集成》1591
收藏　北京故宫博物院

何簋

時代　商代後期
著録　《集成》2928
收藏　加拿大多倫多皇家安大略博物館

何尊

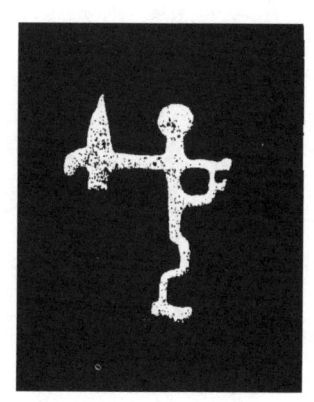

時代　商代後期
著録　《集成》5445
收藏　英國倫敦不列顛博物館

㚎尊

時代　西周早期
著錄　《續殷》上　62.2
　　　《集成》5979

何觚

時代　商代後期
著錄　《集成》6577
收藏　加拿大多倫多皇家安大略博物館

何父癸觚

時代　商代後期
著錄　《三代》14.29.7
　　　《集成》7250
收藏　日本東京出光美術館

何父癸觚

時代　商代後期
著錄　《三代》14.29.8
　　　《集成》7251
收藏　日本東京出光美術館

何馬觚 何乙爵

時代　商代後期
著録　《集成》6998
收藏　中國歷史博物館

時代　商代後期
著録　《三代》15.26.4
　　　《集成》8004

何爵 何爵

時代　商代後期
著録　《集成》7371
收藏　上海博物館

時代　商代後期
著録　《集成》7372
收藏　上海博物館

幸何爵 何斝

時代　商代後期
著録　《集成》8152
收藏　上海博物館

時代　商代後期
著録　《録遺》285
　　　《集成》9116
收藏　北京故宮博物院

山何爵

時代　商代後期或西周早期
著録　《集成》8164
收藏　上海博物館

何寢父癸爵 　　　　　　　　何寢父癸爵

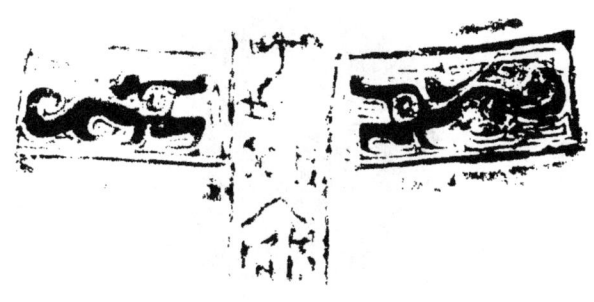

時代　商代後期　　　　　　時代　商代後期
著録　《集成》8957　　　　著録　《集成》8958
收藏　北京故宮博物院　　　收藏　北京故宮博物院

何寢父癸爵 　　　　　　　　何　罍

時代　商代後期　　　　　　時代　商代後期
著録　《集成》8959　　　　著録　《集成》9117
收藏　北京故宮博物院　　　收藏　加拿大多倫多皇家安大略博物館

何罍　　　　　　　　　何寑父癸罍

時代　商代後期　　　　時代　西周早期
著錄　《集成》9739　　著錄　《三代》11.41.2
收藏　加拿大多倫多皇家安大略博物館　　　　　《集成》9800

何鉞　　　　　　　　　何鉞

時代　商代後期　　　　時代　商代後期
著錄　《三代》19.7.6　著錄　《集成》11722
　　　《集成》11721　收藏　中國歷史博物館

本圖形二版即録👤爵銘文一件，本集補録👤父乙鼎、正👤觚銘二件，《集成》釋紷。

方濬益釋子執惠形。高田忠周曰："按👤，蓋亦係字，又左旁👤上有一形，疑指事，係屬有所戴之意，亦孫字。"

李孝定曰："方氏但說字形，未定爲何字。高田氏釋爲孫，說有未諦。金文孫字習見，未有此形者，字從👤，乃企學，用作偏旁，與從人得通。從人、從係，即係之古文。"

紷 《說文》無此字。《玉篇·係部》："紷、綼、絲、繐。"《集韻·青韻》："絲細涷爲紷，布細涷爲繐。"（精細染練過的絲布，亦即細而疏的麻布，古代多用作喪服。）按紷字疑爲近似當今操作染洗工作的業者族徽（供參攷）。

👤 爵

時代　商代後期
著録　《三代》15.3.3
　　　《集成》7369
收藏　上海博物館

給父乙鼎　　　　　　　　正給觚

時代　西周早期　　　　　時代　商代後期
著録　《三代》15.3.3　　著録　《三代》15.3.3
　　　《集成》1538　　　　　《集成》6942
收藏　山西省博物館　　　收藏　上海博物館

本圖形二版即，註明拓本，未有出處。《集成》無隸定，釋義説明。

李考定曰："从弓、从𠬝，字不可識。"（《金文詁林·附録》第220頁。）

王恩定謂："按：此乃尹、手（又）、弓三族複合族徽。"（《古代文明》第3卷，第275頁。）

本圖形右爲弓，可論定。左爲𠬝圖形，李氏隸爲𠬝，王氏隸爲尹、手（又），有异。現將𠬝、尹分解如下，供參考。

𠬝《説文》："𠬝，治也，从又、从卩。卩，事之節也。"甲文作象一跪坐之人，從又。象一手壓服一人之背形，本義是壓服。商承祚曰："𠬝，即服之本字。"裘錫圭釋作抑。

尹《説文》："尹，治也，从又、丿，握事者也。"甲文作，從又、從丨，象意字。李孝定曰："字象手持杖形，表有權威的人，統治者揮揮者、管理者，本義是有權力的人。"古用作職官名（多尹）、人名（伊尹）、方國名、貞人名等。

𠬝、尹二字甲文形義同，隸定後有别。

𠬝弧

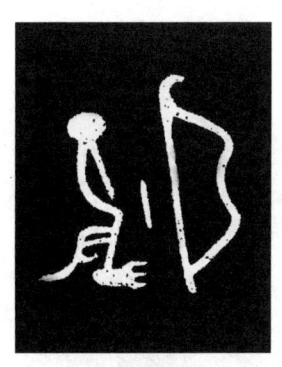

（原拓本）

本圖形初版即錄🯄孟銘文一件。

高田忠周曰："上作𠔼即覓冠象形,下作🯄與完同意,或覓字無如此,後偽從兒,而覓上形作八,與此篆⬜下作八合,或云此篆下從元。元者,元曾君長也。君長必戴覓,故元爲義,上以象形或云,云即冠省。"

李孝定曰:"高田釋此爲覓,其意是也,契文免字作𠑩,即冕之古文,此字上半所從,與𠔼形略近,疑即其字。"

覓 《説文》:"覓、冕也。周曰覓,殷人曰吁,夏曰收,从兒象形。籀文覓。或覓。"即弁字或卞。古代的帽子,古代寫子年滿二十加冠稱弁,以示成年。吉禮用冠,常禮用弁。弁有皮弁（文冠）、爵弁（文冠）。周代稱覓,殷人叫吁,夏名收,各個叫法不一。甲文作𠑩,象兩手捧弁之形,或從⊗、⊗、從廾,與籀文同,象帽沿的玉或飾物。金文作𠑩,從○從廾與甲文同。口改○爲契刻變演便於製作,冕、弁、冠三者异制,而誼通。

成語"冠冕堂皇"一詞形容表面莊嚴體面、光明正大的樣子。冠冕指的古代帝王、官吏的帽子。

🯄 孟

時代　商代後期
著錄　《三代》6.1.6
　　　《集成》10300

本圖形二版即錄何󰀀爵銘文一件，《集成》隸定爲"何禽戉"。

李孝定曰："從𠦼、從何、從戉，字不可識。"

王恩田謂："此乃畢、何、戉三族複合族徽。"

禽　甲文作󰀀󰀀字，像捕獲禽獸的工具，本義是獵具。與畢爲一字，或增又（手）作󰀀，爲擒獲字之初文。金文從又（手）持󰀀，今聲。作󰀀󰀀。《說文》："禽，走獸總名。从󰀀，象形，今聲。"許說非本義。《釋鳥》："二足而羽謂之禽，四足而毛謂之獸。"禽用爲禽獸之後，另造"擒"字表其本義。

畢　甲文作󰀀󰀀󰀀或󰀀。《說文》："畢、田罔也。从󰀀，象形。"爲田獵中捕取小獸之器，形與禽同。金文作󰀀󰀀。禽畢乃至𠦼字，爲古今形异同文字。王氏謂畢、何戉三族複合族徽，甚是。

何　󰀀　爵

時代　商代後期
著錄　《三代》15.35.6
　　　《集成》8795

本圖形二版即錄觚銘文一件。

《集成》隸定"兮"與"建"，未釋義。

李孝定曰："字不可識。"另謂："金文兮氏或以爲猗、義、義之省，難以深信，要之，其結構實難於索解，闕之可也。"

兮　甲文作丩丫。從丨丨、從丁，字象氣出之暫亍形。《説文》："兮，語所稽也。從丂、從八，象氣越虧也。"古乎兮可互相借用。"兮"氏亦是古姓氏。

建　《説文》："建，立朝律也。从聿、从廴。""立朝律"就是在簡册上寫朝中的法規文。"建"字從文字資料看，最早見於春秋時期的蔡侯鐘上。原無建築之義。有字，隸爲建從阜從土從聿，當爲建之异文，從土從阜，均有建築城邦的意思。

丫建觚　　　　　　　建父丁爵

時代　商代後期　　　　時代　商代後期
著録　《三代》14.21.7　著録　《三代》14.21.7
　　　《集成》6921　　　　　　《集成》8896
收藏　台北"中央博物院"　收藏　北京故宫博物院

亞伐父辛爵　　　　　　　　　亞伐父辛爵

時代　西周早期　　　　　　　時代　西周早期
著録　《三代》16.19.7　　　　著録　《三代》16.19.8
　　　《集成》8941　　　　　　　　《集成》8942
收藏　上海博物館　　　　　　收藏　上海博物館

伐　戈

時代　商代後期
著録　《集成》10642
收藏　山西石樓縣文化館

本圖形二版即收錄此銘文（蓋、器）。

方濬益釋子罍形、手形、洗形曰："子之前，上爲罍形，下爲洗形。"李孝定曰："方氏釋爲子罍形、手形、洗形……未知其可也。此字如分別說之，似爲止兄丁之合文，然亦未可遽定。"吳鎮烽謂作此器者乃西周早期人，其圖形爲族徽。

罍　古代祭祀禮器中的大型盛酒器，形似壺，兼可盛水。數量不多，始於晚商期，流行至春秋中期，基本形製有圓體和方體兩類。罍爲籀文，說文小篆作櫑。

中父乙罍

時代　西周早期
著錄　《三代》11.41.6-7
　　　《集成》9815.1-2

本圖形一版即録。

馬叙倫曰："按舊爲孫，▲爲丁、皆非是，爲《説文》戊己之'己'，异文，跽之初文也。今日本舊俗席而坐猶如此，《説文》之部所屬有卺、其兩字皆從，跽得義可証也。"形僞爲久，復爲己。

楊樹達曰："銘文分爲三段，上段分爲三行，中行爲丁字，丁字文左作爲跽行。吴（其昌）樂釋爲孫字，是也，丁字之右作字，吴氏釋爲立刀形，蓋刀字也。下段爲且己二字，餘謂此當依孫刀丁且癸之次序讀之。丁字居上截之中，與下截且己二字相貫。"

李孝定曰："楊氏讀此文爲'孫刀丁'，謂與下文'且己'爲對文，按孫字金文習見，未見如果作者，竊謂當讀爲'刀兄丁'，刀爲作器者之名，爲兄丁，己（祖）已作祭器也。""馬氏讀爲己，謂跽之初文，此銘下文即有'己'字與此不同，可証其誤。"

跽　《説文》："跽，長跪也，从足，忌聲。"甲文作從止，從己。己即全文。商承祚釋跽："字象人跪坐以脚墊臂之形。本文是人跪坐。"

且　己　卣

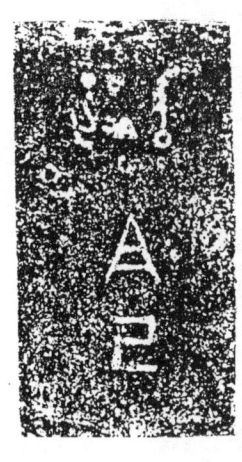

時代　商代後期
著録　《續殷》上71.9-10
　　　《集成》5048

切小子鼎

時代　西周早期
著録　《三代》3.10.2
　　　《集成》2272

切父簋

時代　西周早期
著録　《三代》6.29.5
　　　《集成》3464

切簋

時代　西周早期
著録　《三代》6.44.4
　　　《集成》3731

本圖形三四版收錄，《集成》釋寐。

柯昌濟曰："字從爿、從人、從未，當即寐之古文。"

李孝定曰："當當從爿、未聲。柯氏釋此爲寐，可從。宿字古文作個，及後始加'宀'作宿。則寐之從宀，亦屬後增。爿爲牀之古人，寤寐之事，從牀已足達意，故後世形聲學，省古文寐字之𠃊形作寐耳。"

寐 《說文》："臥也，从夢，未聲。"甲文作 𠈼 𠈼 𠈼，從宀、從木、從女或人。家像一人在室內臥睡，本義是夜眠。

宿 《說文》："止也，從宀，丙聲。丙古文風。"甲文作 𠈼、𠈼，從人，從丙（席形）。字像人在屋內臥於蓆上之形（或加宀）以示臥息。古文風，甲文作 𠈼 𠈼 𠈼 𠈼 等形，從人、從月或從蓆。丙即宿，小篆爲 𠈼 或丙，丙乃宿之异構。

𣂕 父辛觶

時代　西周早期
著錄　《三代》14.46.10
　　　《集成》6319
收藏　山東省博物館

本組圖形，初版錄錄重鼎、重爵、重父丙觶銘文三件。二版補錄癸重觚，與亞重觚等銘文八件。本書增錄重父丙鬲，重簋等銘文六件，共收十七件。《集成》釋重。

本組圖形，眾說略异，徐國柏釋束子足跡形，劉心源釋子負物形，吳大澂釋子負橐形，高思忠周釋子荷囊形，馬敘倫謂子負束形釋"橐"之初文，吳式芬釋子束二字。柯昌濟曰："理字從人、從束，取人服重義，重鼎作束。舊釋人負束形，是也"。

李孝定曰："此字柯氏釋重，確無可易。""重字古作、象人負橐形，"重"者，橐之象形也。"劉釗曰："重字族徽文字作、，從人、從束。"甲文有字作、，束字橫置。

橐 《說文》："囊也。从橐省，石聲。"橐、囊（今作橐）二字，古互訓，渾言也，均爲裝物的大、小口袋。

其中亞重觶（090-11），李孝定曰："此文亞中所從重字，亞形蓋無義。""亞形"舊説紛紜，待後補説。

重　爵　　　　　　　　　　重　爵

時代　商代後期　　　　　　時代　商代後期
著録　《三代》15.3.1　　　著録　《三代》15.2.12
　　　《集成》7366　　　　　　　《集成》7365

重父丙觶

時代　商代後期
著録　《三代》14.42.8
　　　《集成》6249

重鼎

時代　商代後期
著録　《三代》14.42.8
　　　《集成》1004

重父癸觶

時代　商代後期
著録　《三代》14.42.8
　　　《集成》6325

重父癸觶

時代　商代後期
著録　《三代》14.47.1
　　　《集成》6324

癸重觚

時代　商代後期
著録　《三代》14.20.11
　　　《集成》6840
收藏　台北"故宮博物院"

重爵

時代　商代後期
著録　《三代》15.3.2
　　　《集成》7367
收藏　上海博物館

重鼎

時代　商代後期
著録　《三代》2.2.3
　　　《集成》1003
收藏　山東青島市博物館

重父丙爵

時代　商代後期
著録　《三代》16.6.9
　　　《集成》8438

亞重觶

時代　商代後期
著録　《三代》14.35.3
　　　《集成》6162

重父丙鬲

時代　商代後期
著録　《三代》14.35.3
　　　《集成》478
收藏　加拿大多倫多皇家安大略博物館

重父壬鼎

時代　商代後期
著録　《三代》14.35.3
　　　《集成》1666
收藏　河南考古所安陽工作站

重簋

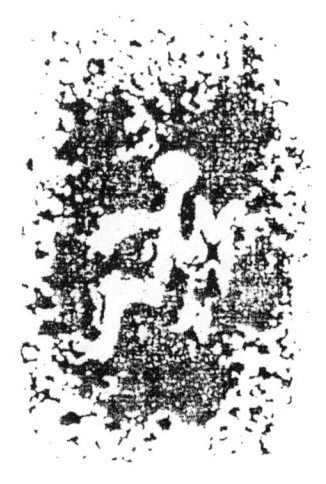

時代　商代後期
著録　《三代》14.35.3
　　　《集成》2927

重觚 重觚

時代　商代後期
著録　《三代》14.31.11
　　　《集成》6568

時代　商代後期
著録　《三代》14.13.11
　　　《集成》6569
收藏　北京故宮博物院

虎重父辛鼎

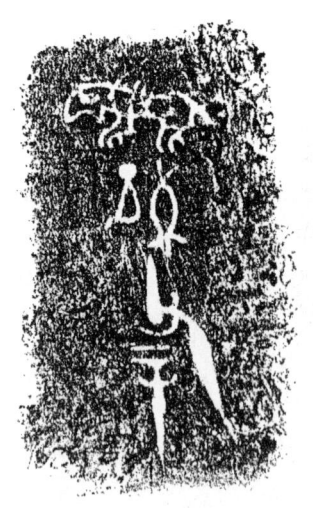

時代　西周早期
著録　《三代》14.13.11
　　　《集成》1885
收藏　北京故宮博物院

本組圖形，二版錄▢且乙爵、▢鼎銘文二件。三版補錄▢父乙卣銘文一件，本書新增補▢鼎，簋、觚、戈等銘文十一件，共計十四件。

《集成》釋卷。

卷 《說文》：「部曲也，从卪、悉聲。」部曲應作郤曲，郤即今膝字。

高田忠周曰：「愚謂▢字解，當作束身也。從▢自持也。▢以象人身，申即人直立而兩手擁腰之形，▢小篆作▢。」

李孝定曰：「高田氏釋此字，所從之▢爲許訓'自申束'之'申'之本字，與訓神之'申'異字而音近，且謂象人直立而兩手擁腰之形說有可商。字蓋一人跽，另一人兩手執杵以臨之，有撲擊之意，惟不知究當於今之何字耳。」馬叙倫謂申古伸字，像負背之申，此說與圖形似吻合。

▢且乙爵　　　　　　▢鼎

時代　商代後期　　　　　　時代　商代後期
著錄　《三代》16.1.1　　　著錄　《三代》2.2.4
　　　《集成》8311　　　　　　　《集成》1017
收藏　上海博物館　　　　　收藏　北京故宮博物院

父乙卣

時代　商代後期
著録　《三代》247.1-2
　　　《集成》4918.1-2

鼎　　　　　　　　　簋

時代　商代後期　　　　　時代　商代後期
著録　《三代》247.1-2　　著録　《三代》247.1-2
　　　《集成》1018　　　　　　《集成》2931
收藏　山東濟南市博物館　收藏　山東濟南市博物館

丁簋  卣

時代　商代後期
著錄　《三代》6.7.9
　　　《集成》3064
收藏　台北"中央博物院"

時代　商代後期
著錄　《三代》6.7.9
　　　《集成》4776
收藏　山東濟南市博物館

觚  父甲丁觚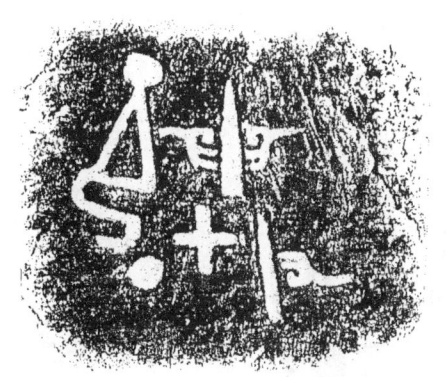

時代　商代後期
著錄　《三代》6.7.9
　　　《集成》6605
收藏　中國歷史博物館

時代　商代後期
著錄　《三代》6.7.9
　　　《集成》7221
收藏　河南考古所安陽工作站

爵　　　　　　　　　　爵

時代　商代後期
著録　《三代》6.7.9
　　　《集成》7362
收藏　北京故宮博物院

時代　商代後期
著録　《三代》6.7.9
　　　《集成》7363
收藏　上海博物館

人貝爵　　　　戈　　　　戈

時代　商代後期
著録　《三代》6.7.9
　　　《集成》8802
收藏　河南考古所安陽工作站

時代　商代後期
著録　《三代》6.7.9
　　　《集成》10644
收藏　北京故宮博物院

時代　商代後期
著録　《三代》6.7.9
　　　《集成》10645
收藏　加拿大多倫多皇家安大略博物館

羊🗚鼎　　　　　　　　　　　　🗚🗚鼎

時代　商代後期　　　　　　　　時代　商代後期或西周早期
著錄　《錄遺》42　　　　　　　著錄　《三代》2.32.2
　　　《集成》1463　　　　　　　　　《集成》1765
收藏　上海博物館

父辛🗚册鼎　　　　　　　　　　臣辰册方鼎

時代　西周早期　　　　　　　　時代　西周早期
著錄　《三代》2.48.1　　　　　著錄　《集成》1942
　　　《集成》1887　　　　　　收藏　加拿大多倫多士棟夫人處
收藏　遼寧旅順博物館

臣辰册方鼎

時代　西周早期
著錄　《集成》1943
收藏　加拿大多倫多士棟夫人處

马羊父乙鼎

時代　商代後期
著錄　《錄遺》47
　　　《集成》2000
收藏　英國

臣辰父乙鼎

時代　西周早期
著錄　《集成》2005
收藏　中國歷史博物館

父乙臣辰鼎

時代　西周早期
著錄　《集成》2006
收藏　加拿大多倫多皇家安大略博物館

本圖形二版即錄此鼎銘文一件。

於省吾曰："岂，當即散字，今字作微。"

李孝定曰："甲文作🖐或釋長，或釋岂，字象人長發披拂之形，發在人後。以上所從ᚒ，似非發形，且在人前，疑非一字，於說待玫。"

徐中舒《甲骨文字典》（1041頁）說：甲文作🖐 🖐 🖐 🖐等形，"象人長發之形，引申而爲凡長之稱。"《說文》："長，久遠也。從兀從匕，亾聲。兀者，高遠意也，久則變匕，亾者到亾也。🖐古文長，🖐亦古文長。"說形不確（有些古文字偏旁可以上、下、左、右、自由隨意）。

ᚒ 鼎

時代　商代後期
著錄　《三代》2.4.9
　　　《集成》1031
收藏　遼寧旅順博物館

本圖形三版即此銘文一件，《集成》釋敖。

李孝定曰："金文邦字作豐 豐 豐諸形，與此略近，此疑邦之異構，惟口 ㄗ 二形相連爲異耳。"

邦 《說文》："國也。从邑，豐聲。㞢古文。"甲文作 豐 豐，從田，以示疆域，從屮，以示樹木，以樹作界標。王國維曰："案古封邦一字……字從豐從田，即邦字，邦土即邦社。"邦、國不分，漢人諱邦，乃云國社。

敖 《說文》："游也。从出、从放。"林義光曰："按古作敫，不從放，從攴、從人出，彳象人形，亦人字，屮形出之變。"柯昌濟云："楚有莫敖，國君之稱，殆非官名，疑敖爲古蠻夷之君稱。楚從夷俗。"吳闓生亦云："敖者，外國君長之號。"敫 乃敖之異構。

作父丁　尊

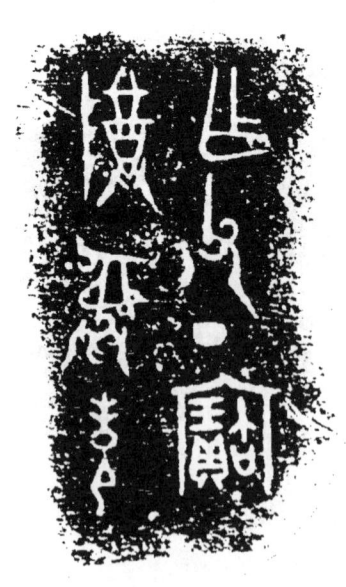

時代　西周早期
著錄　《三代》11.25.2
　　　《集成》5875
收藏　北京故宮博物院

 戈

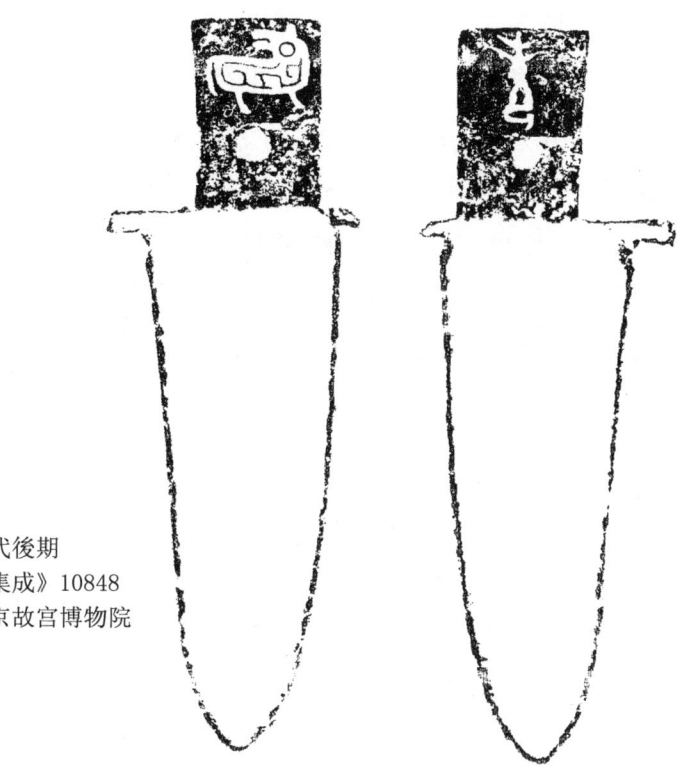

時代　商代後期
著錄　《集成》10848
收藏　北京故宮博物院

本圖形初二版收錄在《附下》，三四版爲《附上》。

吴大澂曰："疑古兟字，象二人交拜形，當即贊，見之本字。"

丁山曰："進也。從二先，贊從此闕。"

李孝定曰："吴氏釋兟，丁氏謂即贊，見之本字，說應可以。"

贊 《説文》："見也，从貝，从兟（音詵，進也）。"

林義光曰："兟，當即贊之古文，象二人相對形（與巫同意）。兟係重文，乃是先字。先也是華夏古姓氏，春秋時晉隱叔初封於先，以爲氏。"

侁父己尊

時代　西周早期
著録　《三代》11.9.4
　　　《集成》5644
收藏　美國波士頓美術博物館

本圖形初版即錄。

李孝定曰："此與甲骨文𗉘（丞）字所從之𗉘相同，未審何字。嚴一萍氏釋甲骨文之𗉘爲烝，謂象殉人之祭。此字象寘（置）人阱中，其意略同。"

《集成》釋臽。《說文》："臽，小阱也，从人在臼上。"從人、從凵，合體像意字。于省吾謂："象人踞於坎中，即臽字。"甲文作𗉘𗉘𗉘。字從小點者，像土本義是埋人，"凡從臽，凵象坎形，𗉘。有⸪象土也。"

丞　字作𗉘，像兩手拯人於坎中。金文作𗉘。𗉘即𗉘，從人下像其足，丞通烝，拯。

臽父戊觚

時代　商代後期
著錄　《三代》14.25.11
　　　《集成》7122
收藏　北京故宮博物院

本圖形三版已錄，《集成》未釋。

李孝定曰"字不可識"，有學者隸定毛字，形意不合。釋爲老、攷，尚可通。

老 《說文》："攷也，七十曰老。从人毛匕，言鬚髮變白也。"甲文作𦮃、𦮄，像老者持杖而立，金文作𦮅、𦮆。張日昇曰："許書謂老從人、毛、匕，言鬚髮變白，說甚牽強。"

攷 《說文》："老也。从老省，丂聲。"甲文作𦮇、𦮈，金文作𦮉、𦮊，老、攷互訓，實爲一字。圖形的坐態，非持杖而立，待考。

 爵

時代　商代後期
著錄　《錄遺》383
　　　《集成》7352

本圖形二版即錄銘文青銅鐃一件，它與本書後面的248號同器。李孝定曰："字不可識。"

鐃 我國最早使用的青銅打擊樂器之一，又稱鉦和執鐘，流行於商代晚期，周初沿用。器體似鈴而稍大，短而闊，口部呈凹弧形，橫截面呈闊葉片，兩側角尖銳，底部置有中空管狀的短柄與體腔內相通，扦入木柄後可執，使用時口向上，以錘擊之而鳴。

《說文》："鐃，小鉦也。軍法，卒長執鐃。從金，堯聲。"最先為古軍樂器名，是戰時軍隊中退軍時用的指示停止擊鼓用。不能獨奏，而是與其他樂器相配合的節奏性樂器。可用於祭祀和宴樂，是為宮廷使用的樂器。形製有闊腔式（圖1）、甚闊腔式（圖2）、微闊腔式（圖3）。

青銅鐃器形圖

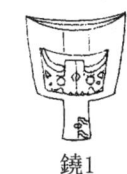
鐃1

鐃2

鐃3

卯車（矛）鐃

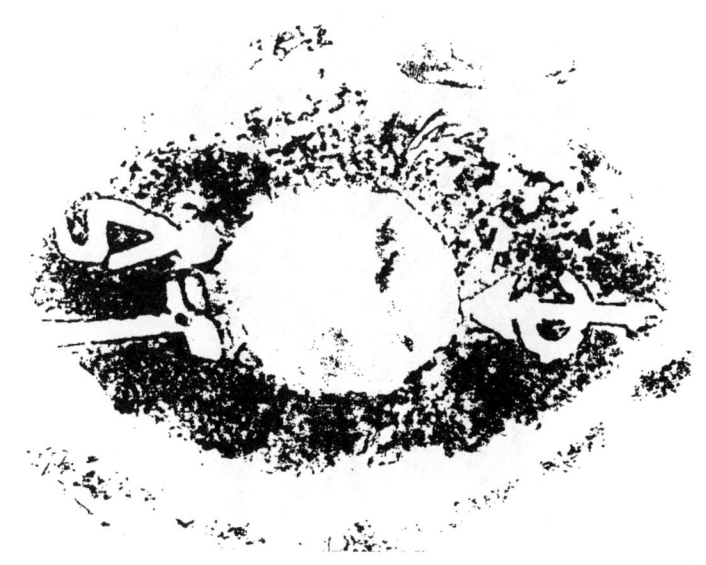

時代　商代後期
著錄　《三代》18.9.1
　　　《集成》391
註：　與248圖形同器

本圖形二版即錄勺器一件，《集成》釋配。

李孝定曰："此與前出（063）係同字，當釋配，說見前。"

勺 《說文》："挹取也，象形，中有實與包同意。"謂包象人懷子，勺象器盛酒漿意，勺爲酌酒之具。古人很講究，器具全備，在夏商時已有。《禮記》："夏后氏以龍勺，殷以疏勺，周以蒲勺。"勺的器形商晚期有方口圜底杯直柄尖尾式（圖1）、圓口圜底杯直柄尖尾式（圖2）、圓口圜底杯直柄羊頭式（圖3）等。

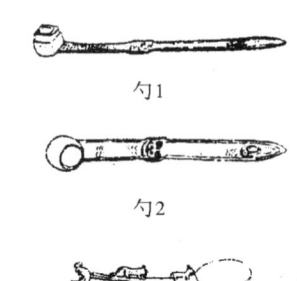

青銅勺器形圖

勺1

勺2

勺3

勺

時代　商代後期
著錄　《三代》18.26.4
　　　《集成》9903

令■父辛卣

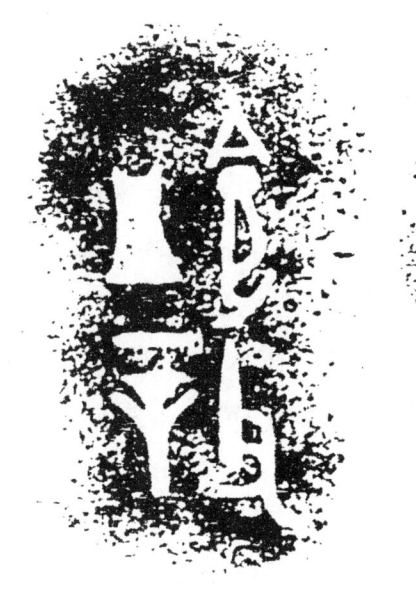

時代　商代後期
著録　《三代》13.4.5-6
　　　《集成》5087-1-2
收藏　北京故宮博物院

令爵

時代　商代後期
著録　《三代》13.4.5-6
　　　《集成》7360
收藏　上海博物館

令盤

時代　西周早期
著録　《三代》13.4.5-6
　　　《集成》10065
收藏　上海博物館

本圖形二版即錄🀄（令）父乙南瓦銘文一件。

李孝定曰："吴式芬釋鬲形，其誤至明。許印林釋卿、方濬益釋卯，其意略近。""高田氏釋此爲令，其説可從。"

令 《説文》："令，發號也，从△卪。"甲文作🀄🀄從△、從跪坐之人形。字像口施令於下人，本義是命令。李孝定曰："A象倒口篆文。從口之字，籀文銘作▽，倒立則爲A。下從卪，乃一人跽而受命。"林義光曰："卪即人字，從口在人上，象口發號，人跽伏以聽也。"甲文中令與命原爲一字，金文作🀄🀄令與甲文同。甲、金文"令"與"命"原爲字，小篆爲二字。

命 《説文》："命、伎也。从口、从令。"命字金文或不從口、與令爲一字。楚簡文字，令與命合爲🀄🀄。古漢字演變過程中異體也。

🀄（令）父己觚

時代　商代後期
著錄　《三代》5.3.2
　　　《集成》815

本圖形二版即錄𣨙(旡)作寶彝簋銘文一件。

《集成》隸定旡。

李孝定曰："字不可識。""古文反正無別，欠之與旡皆爲人之生理現象，其別在於口咽之間，字形上殊難區別。"旡乃旡之重文，即旡字。

旡　《説文》："飲食氣屰不得息曰旡，从反欠。"甲文作𣨙，像人吃飽飯扭頭張口打嗝形。徐中舒曰："象人跽而響後張之形，爲旡之初文，既字從此。人食既每致屰氣，故以此象屰氣之形。"饒炯《部首訂》："氣伸自解曰欠，氣逆不得息曰旡，其義相反，故旡亦從反欠，指事。"

欠　《説文》："張口氣悟也，象氣從人上出之形。"甲文作𣨙，在《説文》中旡是欠的反書，是有分別的，在卜辭中有時没有什麽分別。小篆爲𣨙，正反不同形。

𣨙作寶彝簋

時代　西周早期
著錄　《三代》6.23.2
　　　《集成》3380

本圖形爲四版新增補73種圖徽之三。

原注："中（仲）父壬爵，六字拓本。"没有出處，更無論述。可定爲"埶"字，即藝字。

關於埶，從屮、從丮。商承祚曰："説文屮，古文或以爲艸字……中、艸本爲一字，初生爲屮，蔓延爲艸，象叢生形。甲骨文從艸之字，又或從茻，形雖不同，誼則一也。"高鴻縉曰："屮字象形，作艸者，應是復體，故屮與艸一字，金文無艸字，即偏旁草頭亦無一見，知金文艸頭只作屮耳。……則甲骨文有艸頭，作屮屮也。艸周人復加早爲聲作草，草字通行，而艸與屮浸廢。"馬叙倫曰："舊釋埶爲子，非也。此從人持屮，屮蓋木之省，埶即枛字，所以之枛實即埶之異文，蓋作器者以埶植爲業也。"

關於丮，高鴻縉曰："説文丮，持也象手有所丮，據也。"小篆本此。

中（仲）父壬爵　　　　　　埶觚

六字拓本　　　　　　　　　時代　商代后期
未見出處　　　　　　　　　著録　《三代》14.13.9
　　　　　　　　　　　　　　　　《集成》6587

㠯父辛簋  耴㠯爵

時代　西周早期
著録　《三代》6.16.1
　　　《續殷》上　39.2
　　　《集成》3206
收藏　日本東京帝室博物館
註：　劉體智舊藏

時代　商代後期
著録　《集成》8172
收藏　北京故宫博物院

本圖形二版即錄斝銘文與爵銘文摹形。

吳大澂釋"爲立戈形、子形、亞形、竹筒形"。

李孝定曰："其字上半從鬥，實非鬥字。下半從'甲'、'中'，疑'用'字，字不可識。"

王恩田謂："戈下所從人形兩臂下垂，不當隸爲兩手平舉的丮，臂下尚有Y形符號，《金文編》漏摹。""人旁所以是陽識'亞'字，非'用'字。人下所從是盾之象形，此字頗多異釋。"

原編稱第一摹圖採自斝器，多處查閱資料未見（疑其爲重摹圖）。Y形符號與本編286號父癸爵（《集成》8713）近似，釋至，有誤。釋說種種，有釋日、釋享、釋貫、釋中、釋用。羅振玉釋象形盾字。於省吾釋盾，學界認之。《集成》隸定不全面釋意未明，有學者以爲是綜合、複合族徽（從戈、從子、從亞、從盾、從寧），待攷。

鬥亞寧爵

時代　商代後期
著錄　《三代》16.32.7
　　　《集成》8787
收藏　江蘇蘇州市博物館

本圖形三版始錄🔲尊銘文一件，未見有關隸定、釋義專論。

李孝字曰："字不可識，象人捧杵臼而臨井上摻作之形，疑係'舂'、'井'二字之合書。""曾謂字作丼，亦作井，一也。故文字書畫中空者，每增點，無義。……諸家或以有點、無點別井、刑二字，恐未必然，蓋時代不同，書法偶异耳。"

舂　《説文》："舂，擣粟也，从廾持杵、臨臼上、午杵省也。"甲文作🔲🔲，從雙手、從杵、從臼。合體象事字，字象雙手持杵向臼内搗來，本義是搗米，舂是作器者名。

井　《説文》："井、八家一井，象構韓形，罋（甕）之象也。甲文作井共獨體象物字，象口形，本義是井。"徐中舒曰："井、象井欄兩直木兩根橫相交之形。篆文增●者示其汲水所用之器，藉以別捕獸用陷阱之井之。"

方濬益曰："井即荆之古文，罰辠也，從井、從刀，已包斬殺之意。今刑行，而荆字廢。"荆即刑，形即彤，是古人從開、從井之字互相假藉也。

春秋時吴國大夫食採於井，謂之井伯（一作邢伯），其後以邑爲氏。

按：曾有學者對🔲形隸爲猷，待攷。

🔲尊

時代　商代後期
著録　《録遺》189
　　　《集成》5444
收藏　日本某氏處

本圖形二版僅錄該卣銘文（器）字形一文，另（蓋）字形今補之。

李孝定曰："字不可識。"至今未見有關評說。

王國維《釋由》："以爲古文字'卣'，象盛鬯之形。"

卣　古代盛酒器，也是專門用以盛放祭祀用的香酒"秬鬯"的青銅器。古籍對於卣的器形從未有過具體的記載，僅謂爲犧象之屬爲中尊。一般爲橢圓口、深腹、圈足，有蓋和提梁。卣腹或圓或橢或方，也有作圓筒形、鴟鴞形甚至虎吃人形的，盛行於殷商和西周。現定名始自宋人，沿用至今。

《説文》無卣字。

己　卣

時代　商代後期
著錄　《三代》12.42.2-3
　　　《集成》4832.1-2
收藏　南京大學考古教研室

本圖形二版即錄。

馬叙倫曰："倫接舊釋㦮爲子，非也。此從人、從屮，屮蓋木之省，㦮即埶字，所從之朮，實即埶之異文，蓋作器者以埶植爲業也。戈其氏族與。"

李孝定曰："馬氏釋埶戈二字，近是。" "埶"即藝異體字，此爲藝、戈二族複合族徽。

㦮戈父丁爵

時代　商代後期
著錄　《三代》16.31.6
　　　《集成》8901
收藏　遼寧省博物館

本圖形二版即錄青銅斝器一件，《集成》依字形隸定"鼎"字（從廾、從鼎）。

高田忠周曰："按此廾鼎字，即人捧持鼎也。"李孝定曰："高田氏說此字之意，甚是，按疑古言獻之專字。""此則象人捧持鼎，是真象進孰物之形，頗疑'獻'之初文。"高田、李二氏釋意未盡，仍存疑。

據吳鎮烽《金文名人匯編》（407頁）刊有鼎壺銘文，謂"鼎（人名）爲西周早期人，族徽爲 "（見487）。

且丁斝　　　　　　　　　鼎壺

時代　商代後期　　　　　　時代　西周早期
著錄　《三代》13.50.3　　著錄　《集成》9550
　　　《集成》9202　　　　收藏　北京故宮博物院
收藏　上海博物館

本圖形二版（附錄下）收録，《集成》隸定"㧞"（從丮、從井）。

容庚釋㧞曰："象人奉井形。"李孝定曰："容氏隸定是也，字不可識。"容、李二氏均依形定形，釋義未盡，現依丮、井二字分解如下供讀者參考。

丮　《說文》："持也，象手有所丮據也。"甲文作等形獨體象形字，像一人側面蹲踞，伸出兩手有所作爲的形狀。金文作，多作偏旁，形與甲文略簡。

井　《說文》："八家一井，象構韓（井欄）形，・甕（井口）之象也，古者伯益初作井。"商周井田制：地方一里爲井，劃爲九區，形如井字，每區百畝，八家各分一區耕作，中央爲公田，即"八家一井"之説。甲文作井字，中不加點，金文開始中間有點之井，源於"・甕之象也"。小篆本此。有説："井字中本無點，有點爲飾筆。"由此始知，本簋爲商器外，"㧞"當爲人名。

㧞父丁簋

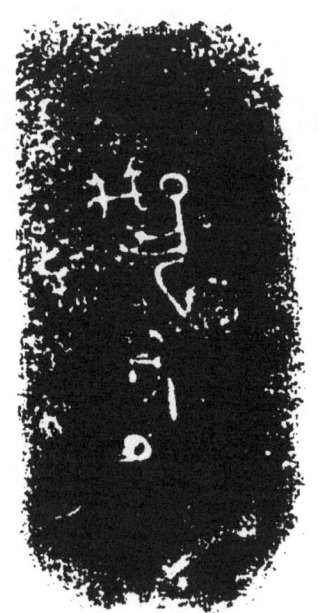

時代　商代後期
著録　《三代》6.13.8
　　　《集成》3177

本圖形，僅見三版錄此，《集成》未隸定，釋義。

除李孝定曰"字不可識"外，尚未見有評論者，待攷。

 父 丁 爵

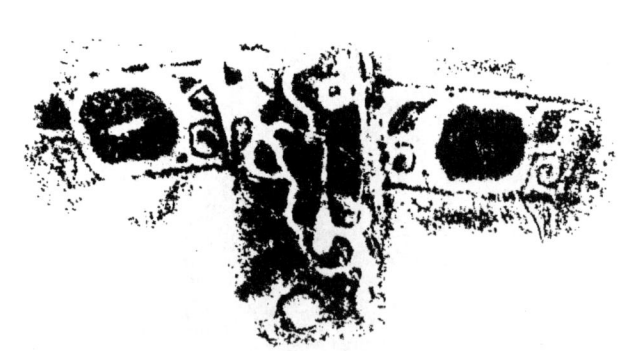

時代　西周早期
著錄　《三代》16.11.6
　　　《集成》8446

本圖形二版即收錄此銘文。

劉心源釋孫，李孝定曰："字不可識。"

《集成》釋吼。此字《說文》所無，《漢語大字典》僅引《字彙》："音載，聲也。"未詳解。

吼　李孝定《甲骨文字集釋》："㗊（前.6.16.5）從口、從丮，當隸定作吼。《說文》所無，卜辭另有沫字，作㳟（像人散髮就盆洗面之狀）。又上所舉從廿，說文所無，字實從凵。"金文作𤃬 𤃭（像兩手捧倒盆，以水洗頭之意），㗊意是否是"洗"字，或"灑"字，洗、灑通藉。

子㗊（吼）爵

時代　商代後期或西周早期
著錄　《三代》15.30.8
　　　《集成》8073

本圖形三版已收，稱亞向𠄌父戊爵。

《集成》釋形爲丸。

李孝定曰："結構與上文（107號圖）略近，字不可識。"

丸 《說文》："丸、圓、傾側而轉者，從反仄。"段注："圜則不能平立，故從反仄以象之。仄而反覆，是爲丸也。"馬叙倫曰："諸家以此爲彈丸學，彈丸學本作●，書無●字，而轉註字作垸，古書借丸爲●垸耳。"

按李說，形義均有誤，馬說應略近，從圖整形觀之，像二人抛嬉手中丸球，似近代雜技形，可爲"玩"字，待攷。

亞向𠄌父戊爵

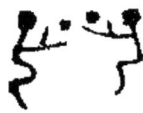
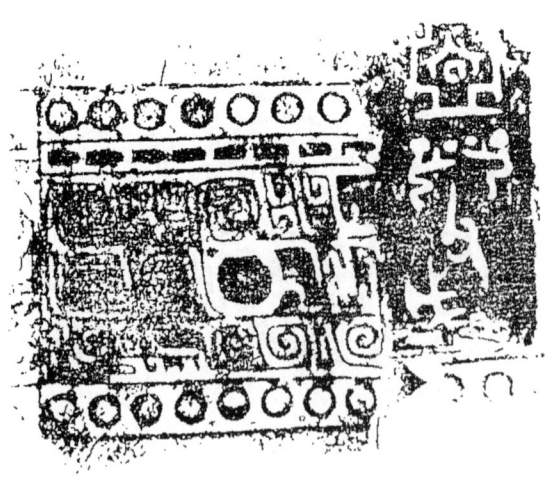

時代　商代後期或西周早期
著錄　《錄遺》471
　　　《集成》9010
收藏　北京故宮博物院

本組圖形初版錄🅰公父丁卣（二件）、🅰簋（一件）、🅰作且癸觚（一件）、🅰徰父庚爵（一件）。二版增錄🅰父己觶（二件），本書新增補🅰父己簋（一件），共刊銘文八件。

對本組圖形過去諸家隸定釋義不一。李孝定謂："徐同柏、劉心原、方濬益諸氏均倒讀，釋爲雙鳳集本形，其誤至明。柯昌濟、郭沫若二氏釋鬥是也。"也有釋䢅，釋埶（藝）。

䢅　甲文作🅱，從人、從戈，像意字，像一人用雙手將戈舉起來，徐中舒曰："象人跪降獻戈之形。"以示損獻，這是本義。《説文》："䢅，擊踝也。從䢅，從戈，讀若踝。"《説文》非本義。

鬥　甲文作🅲，合體象事定，像二人相對，雙手搏鬥之形。本文爲搏鬥。《説文》："鬥，二士相對，兵杖在後，象鬥之形。"

埶　甲文作🅳，從人，從像一植物形，字像一人雙手種植物形，本義是種植。《説文》："埶，種也。从坴、丮、亟種之。書曰：我埶黍稷"。近時有張亞初、劉雨謂：舊釋爲鬥有誤，"屮與戈有根本區別，屮爲禾苗形，二人相向而跪，雙手持禾，根本不象相鬥的樣子。""銘文爲了追求美觀、對稱，經常採取一字重復、對稱出現的寫法，實際上應看作一個字的繁文。🅴即🅵，亦即埶（藝）"。

🅰公父丁卣

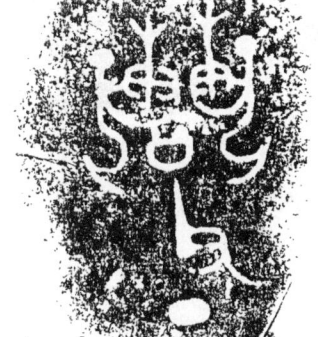

時代　商代後期
著録　《三代》13.2.7-8
　　　《集成》5074.1-2
收藏　北京師範大學歷史系

簋　　　　　　　　作且癸觚

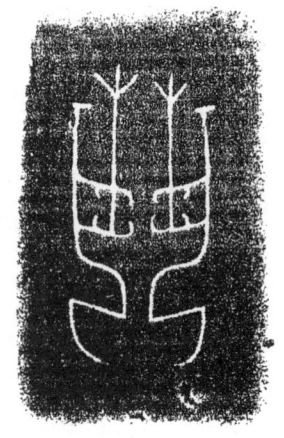

時代　商代後期　　　　　　時代　西周早期
著錄　《三代》6.1.5　　　　著錄　《三代》14.31.8
　　　《集成》2919　　　　　　　　《集成》7361
收藏　北京故宮博物院　　　收藏　遼寧旅順博物館

父己觶

時代　商代後期
著錄　《三代》14.44.7-8
　　　《集成》6282.1-2
收藏　英國

🆒徣父庚爵

時代　西周早期
著錄　《三代》16.39.7
　　　《集成》9058

🆒父己簋

時代　商代後期
著錄　《三代》16.39.7
　　　《集成》3196
收藏　中國歷史博物館

（黿）

  本圖形，初版收錄十三圖，四版增補二十三圖，舊釋為"子孫"外，有種種新說，容庚引郭沫若釋"天黿，即軒轅"說。羅振玉釋"子黽"，孫海波釋"大黽"，等等。

  《說文》："黿、大鱉也。从黽，元聲。""鱉，甲蟲也，從黽，敝聲。"黿與鱉同形，但分大小之別。

  黽　是《說文》第477個部首。"黽"黽也，从它象形。黽頭與它頭同，名叫耿黽的蛙。從它（），像大肚子的樣子。蛙黽的頭與蛇的頭部相同。

  甲文作 像青蛙形，金文僅見 一字，但已失形。

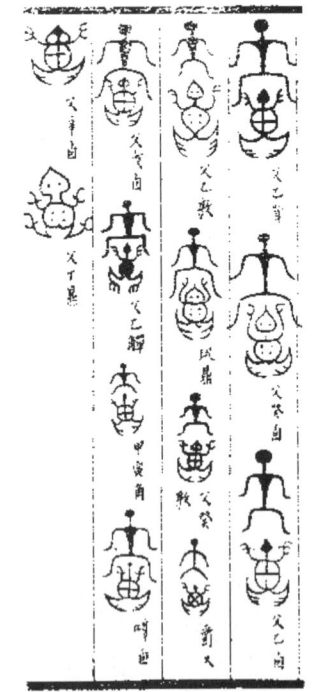

《金文編·附錄》初版書影

黿父乙斝

時代　商代後期
著錄　《三代》15.52.3
　　　《集成》9209
收藏　上海博物館

黿父乙觥

 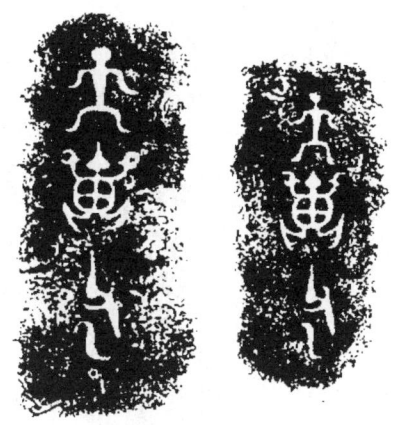

時代　商代後期
著録　《三代》17.24.1-2
　　　《集成》9267

黿父辛尊

時代　商代後期
著録　《三代》14.29.5（誤作觚）
　　　《集成》5655
收藏　北京故宮博物院

黿作婦姑鬲

時代　商代後期
著録　《三代》5.7.7
　　　《集成》891

靴卣

時代　西周早期
著録　《三代》13.34.1-2
　　　《集成》5355.1-2
收藏　日本東京根津美術館

（鼋）

散作父癸角

時代　商代後期
著録　《三代》16.47.1
　　　《集成》9100
收藏　上海博物館

鼋父乙卣

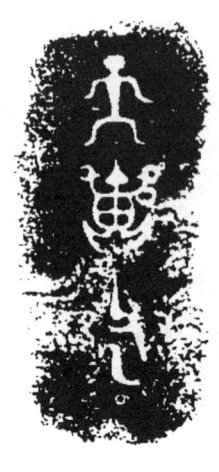
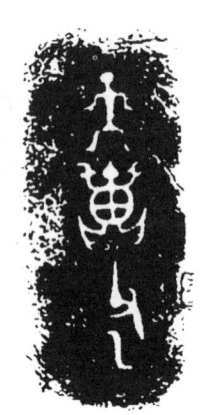

時代　商代後期
著録　《三代》13.1.5-6
　　　《集成》4922.1-2

鼋父乙卣

時代　商代後期
著録　《三代》13.1.7-8
　　　《集成》4923.1-2
收藏　台北"故宮博物院"

鼋父戊卣

時代　商代後期
著録　《三代》13.4.1
　　　《集成》4950

黿父癸觥

時代　商代後期
著録　《三代》17.24.3
　　　《集成》9279

黿父乙角

時代　商代後期
著録　《三代》16.45.4
　　　《集成》8396

黿爵

時代　商代後期或西周早期
著録　《三代》2.29.1
　　　《集成》1884

黿父乙尊

時代　西周早期
著録　《三代》11.4.4
　　　《集成》5623
收藏　台北"故宮博物院"

勅嗣作丁侯鼎

時代　西周早期
著録　《三代》3.18.6
　　　《集成》2346
收藏　台北"故宮博物院"

獻侯鼎

時代　西周早期
著録　《三代》3.50.2
　　　《集成》2626
收藏　台北"故宮博物院"

黽婦末于方鼎

時代　商代後期
著録　《集成》1905

黽帚方鼎

時代　商代後期
著録　《集成》1711

黿父乙觶

時代　商代後期
著録　《三代》14.50.11
　　　《集成》6245
收藏　北京故宮博物院

黿父戊盉

時代　商代後期
著録　《三代》14.6.5-6
　　　《集成》9354.1-2
收藏　北京故宮博物院

黿父癸鼎

時代　商代後期
著録　《三代》2.39.7
　　　《集成》1683
收藏　北京故宮博物院

黿父癸卣

時代　商代後期
著録　《三代》13.5.3
　　　《集成》4993

（黽）

黽父乙器　　　　　揚方鼎

時代　商代後期
著錄　《三代》6.20.5（作簋）
　　　《集成》10516

時代　西周早期
著錄　《三代》3.46.3-4
　　　《集成》2612-2613.
收藏　日本東京國立博物院

黽觚　　　　黽鼎

本圖形初版錄十一件二版收錄二十一件，三，四版收錄二十三件。今新增補56圖，採自《三代》三十二圖形，其他著錄二十六圖形，總計八十一圖形。

黽族青銅器約有八十一件。

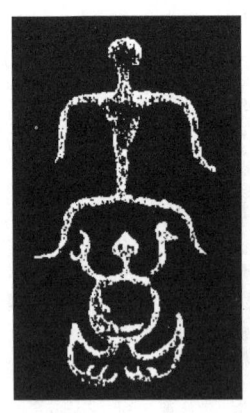
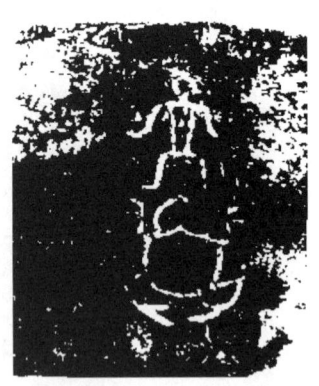

時代　西周早期
著錄　《集成》764

時代　商代後期
著錄　《三代》2.12.11
　　　《集成》1131

商周金文族徽選編

0112

黿鼎

時代　商代後期
著録　《西清》3.36
　　　《集成》1132
收藏　北京故宫博物院

黿父乙鼎

時代　西周早期
著録　《三代》2.37.4
　　　《集成》1554
收藏　浙江省博物館

黿父乙鼎

時代　商代後期或西周早期
著録　《三代》2.37.5
　　　《集成》1555

黿父乙鼎

時代　商代後期
著録　《集成》1556
收藏　天津市藝術博物館

黿父乙鼎

時代　商代後期
著録　《三代》2.37.6
　　　《集成》1557

黿父乙鼎

時代　商代後期
著録　《三代》2.37.7
　　　《集成》1558

黿父乙方鼎

時代　西周早期
著録　《三代》1559
　　　《集成》日本東京國立博物院

黿父癸鼎

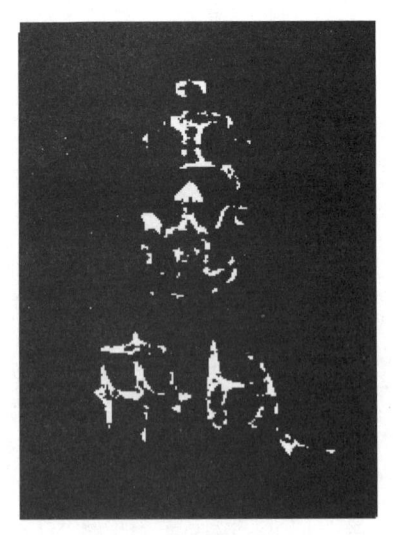

時代　商代後期
著録　《集成》1682

黿父癸方鼎

時代　西周早期
著録　《三代》2.39.8
　　　《集成》4.1684
收藏　台北"故宮博物院"

黿作父戊方鼎

時代　商代後期或西周早期
著録　《三代》3.2.2
　　　《集成》2013
收藏　上海博物館

黿婦姑鼎

時代　商代後期
著録　《三代》3.10.4
　　　《集成》2137

黿婦姑方鼎

時代　商代後期
著録　《集成》2138

黿嚣作父辛鼎

時代　西周早期
著錄　《西清》2.34
　　　《集成》2254

征人鼎

時代　西周早期
著錄　《三代》4.4.1
　　　《集成》2674
收藏　日本京都小川睦之輔氏處

黿簋

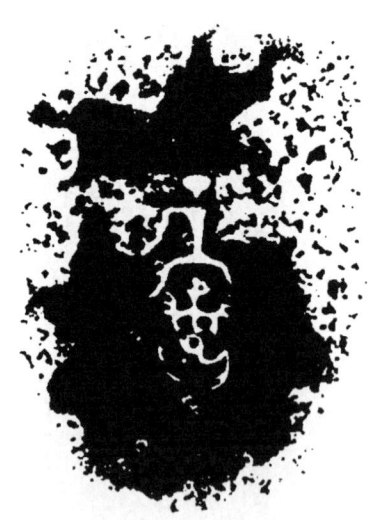

時代　西周早期
著錄　《三代》6.9.4
　　　《集成》2985
收藏　台北"故宫博物院"

黿父乙簋

時代　商代後期
著錄　《三代》7.6.1
　　　《集成》3155
收藏　北京故宫博物院

黿父丁簋

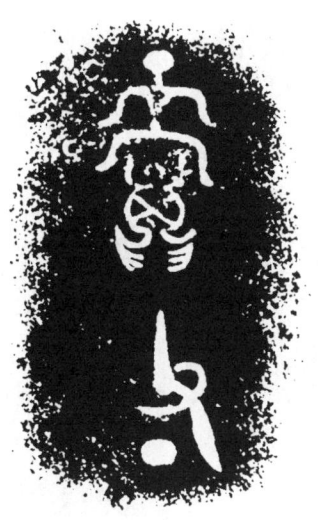

時代　商代後期
著録　《三代》6.20.8
　　　《集成》3179

父戊黿簋

時代　商代後期
著録　《三代》7.3.6
　　　《集成》3187

亞𠃊黿簋

時代　商代後期
著録　《集成》6.3393
收藏　瑞典斯德哥爾摩韋氏處

天君簋

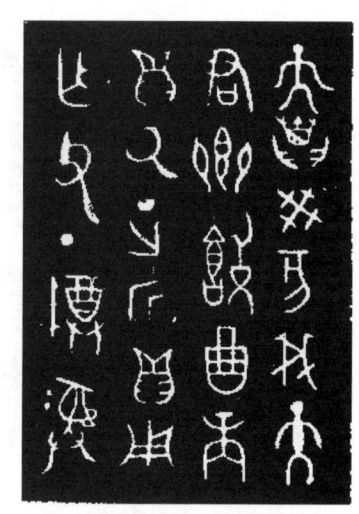

時代　西周早期
著録　《西清》27.5
　　　《集成》4020

黽卣

時代　商代後期
著録　《三代》12.42.10
　　　《集成》4760
收藏　中國歷史博物館

天君簋

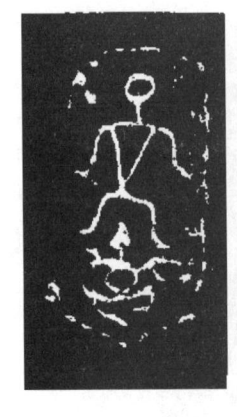 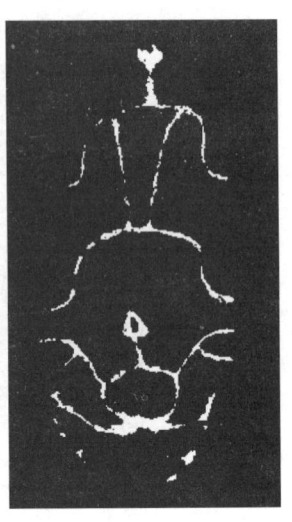

時代　商代後期
著録　《集成》4761
收藏　北京故宮博物院

黽父乙卣

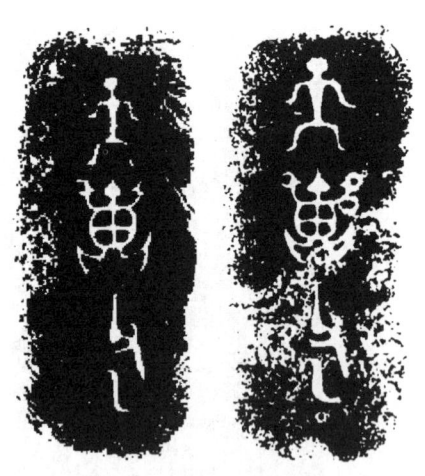

時代　商代後期
著録　《三代》13.2.1-2
　　　《集成》4924.1-2

黽父辛卣

時代　商代後期
著録　《集成》4978.1-2
收藏　北京故宮博物院

作丁玨卣

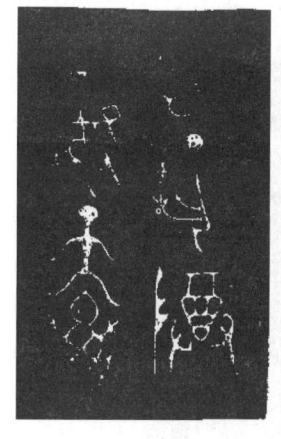

時代　商代後期
著録　《集成》5211.1-2

朕作父辛卣

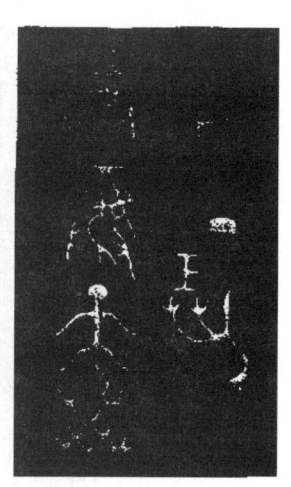

時代　西周早期
著録　《三代》13.34.6
　　　《集成》5361.1-2

黿且乙尊

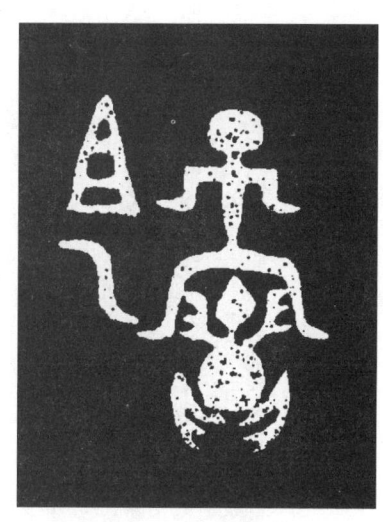

時代　商代後期
著録　《集成》5598

黿父癸尊

時代　商代後期
著録　《三代》11.15.4
　　　《集成》5678

（鼋）

鼋作從龏尊

時代　西周早期
著錄　《集成》5766
收藏　加拿大多倫多皇家安大略博物館

殳父乙尊

時代　西周早期
著錄　《集成》5973

鼋父乙觶

時代　西周早期
著錄　《三代》14.50.12
　　　《集成》6244
收藏　台北"故宮博物院"

鼋父己觶

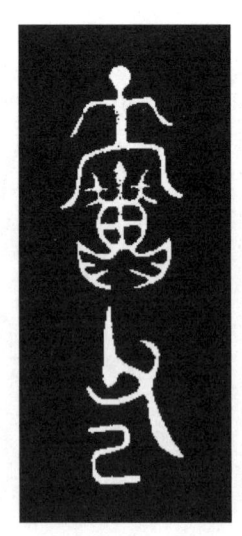

時代　商代後期
著錄　《集成》6289

黿觚　　　　　　　　　　　　黿父乙觚

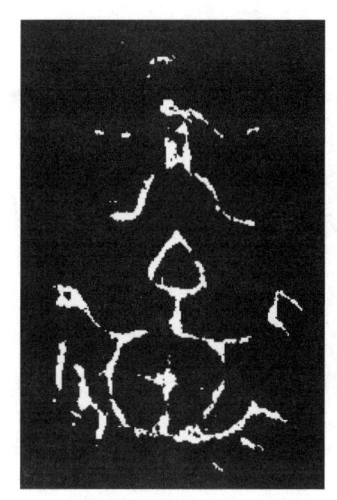

時代　商代後期　　　　　　　時代　商代後期
著録　《三代》14.21.6　　　著録　《三代》14.28.12
　　　《集成》6681　　　　　　　　《集成》7095

黿父乙觚　　　　　　　　　　黿父癸觚

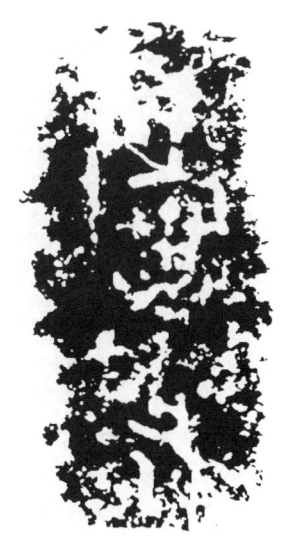

時代　商代後期　　　　　　　時代　西周早期
著録　《三代》14.29.1　　　著録　《三代》14.29.9
　　　《集成》7096　　　　　　　　《集成》7153

（黽）

黽獻且丁觥 　　　　　　　　貝父乙觥

時代　商代後期　　　　　　時代　西周早期
著録　《集成》7213　　　　著録　《集成》7310

黽父乙爵　　　　　　　　　黽父戊角

時代　西周早期　　　　　　時代　商代後期西周早期
著録　《集成》8395　　　　著録　《三代》16.46.3
　　　　　　　　　　　　　　　　《集成》8518
　　　　　　　　　　　　　　收藏　上海博物館

黿父庚爵

時代　西周早期
著錄　《集成》8588
收藏　北京故宮博物院

父庚黿角

時代　商代後期或西周早期
著錄　《集成》8589
收藏　上海博物館

黿父癸爵

時代　商代後期
著錄　《三代》16.30.5
　　　《集成》8693

黿母庚爵

時代　商代後期或西周早期
著錄　《三代》16.32.1
　　　《集成》8740

作 丮 障 夒 角

時代　西周早期
著録　《集成》9042

貝隹易父乙爵

時代　商代後期
著録　《三代》16.39.3-4
　　　《集成》9050.1-2

貝隹易父乙爵

時代　商代後期
著録　《三代》16.39.5-6
　　　《集成》9051.1-2

黽 盉

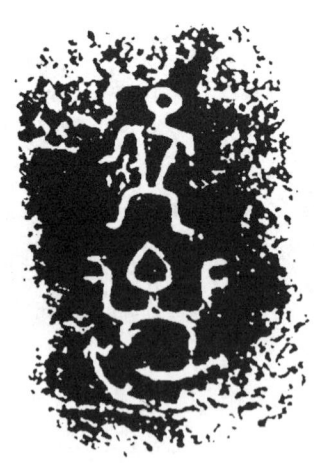

時代　商代後期
著録　《三代》14.1.9
　　　《集成》9310
收藏　台北"故宮博物院"

黿父乙盉

時代　西周早期
著錄　《集成》9342.1-2
收藏　北京故宮博物院

黿父癸盉

時代　商代後期
著錄　《集成》9359

黿父乙盤

時代　商代後期
著錄　美集錄R 481.R 495
　　　《集成》10040

黿戈

時代　商代後期
著錄　《三代》19.15.1
　　　《集成》10654
收藏　遼寧旅順博物館

(黽)

本圖形李孝定曰："即黽字，在彝銘中與上舉黿字、當係同一族徽。"黽，形似蟲形，本議是昆蟲，又說像蛙。《說文》："黽、鼀黽也。从它象形，黽頭與它頭同。""鼀，蝦蟆屬，从黽，圭聲。"同蛙。唐蘭曰："另外一件罍上有銘文黽字，也是圖畫象形字，黽是蛙一類動物中比較大。"本圖形初版錄父辛黽卣、黽父丁鼎二圖，二至四版增補黽且乙觚，今又增補黽作父辛甗等五圖。黽與黿形相似，腳比黽短而有尾，另附錄黿銘文四圖供參改。

父辛黽卣　　　　　　　黽且乙觚

時代　商代後期　　　　　　時代　商代後期
著錄　《三代》12.55.4　　著錄　《三代》14.24.1
　　　《集成》4979　　　　　　　《集成》7073
　　　　　　　　　　　　　收藏　上海博物館

黽父丁鼎

時代　商代後期
著録　《三代》2.21.7
　　　《集成》1584

黽父丁鼎

時代　西周早期
著録　《三代》2.21.6
　　　《集成》1583

黽作父辛甗

時代　商代後期
著録　《集成》845
收藏　美國波斯頓美術博物館

黽父己觶

時代　西周早期
著録　《三代》14.44.5
　　　《集成》6290

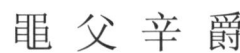

黽作婦姑彝   黽父辛爵

時代　西周早期　　　　　　　　　　時代　商代後期
著録　《三代》13.53.4　　　　　　　著録　《集成》8618
　　　《集成》9243

黽爵   黽爵

時代　商代後期或西周早期　　　　　時代　商代後期
著録　《集成》7536　　　　　　　　著録　《集成》7535

鼀父丁爵

時代　西周早期
著録　《學報》1977年第2期第108頁
收藏　甘肅省博物館

鼀形銘鼎

時代　商代後期
著録　《集成》1130
收藏　北京市文物工作隊

鼀父丙鼎

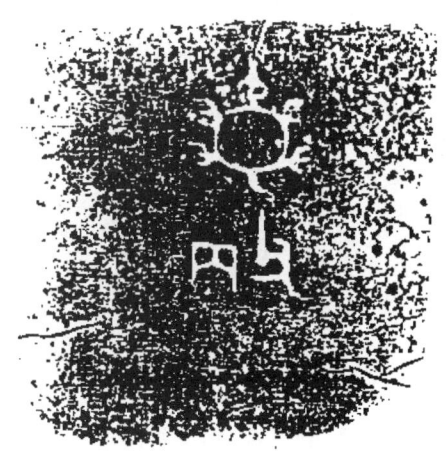

時代　商代後期
著録　《三代》2.21.2
　　　《集成》1569

附注

鄳　《說文》："鄳（小篆）江夏縣，从邑黽聲。"舊時縣城在今河南羅山西南九里，以地爲黽，或黽氏。

本图形三四版即録銘文須觚、須鼎二件。

李孝定曰："此上所從，未審是貝字否，其下與052-2爲同字。""字象人頰上鬚髯之形，契文亦有此字作𩒹，惟此下並着四點爲異。金文須字作𩑶，此疑亦鬚字。"

須 《説文》："面毛也。从頁、从彡。"

按：頤下曰須，口上曰髭，頰旁曰髯，俗字作鬚。須，古代姓氏。太昊（即伏犧氏）之裔，封於須句國（故城在今山東東平之須城）。

本圖形爲聀、髭（須）二族複合族徽，邐簋、族徽附後。

聀髭觚   鼎

   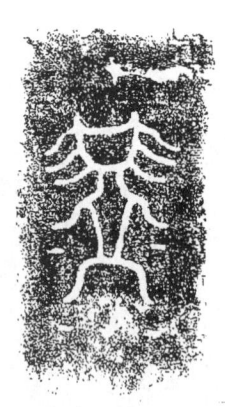

時代　商代後期　　　　　時代　商代後期
著録　《録遺》324　　　著録　《録遺》34
　　　《集成》6930　　　　　　《集成》1033

耴㚸婦𡚱鼎

時代　商代後期
著錄　《文物》1978年第5期第95頁
　　　《集成》1904
收藏　河南新鄉市博物館

耴㚸婦𡚱卣

時代　商代後期
著錄　《文物》1978年第5期第95頁
　　　《集成》5098
收藏　河南新鄉市博物館

耴㚸婦𡚱尊

時代　商代後期
著錄　《文物》1978年第5期第95頁
　　　《集成》5760
收藏　河南新鄉市博物館

耴㚸婦𡚱觚

時代　商代後期
著錄　《錄遺》358
　　　《集成》7254
收藏　中國歷史博物館

㚔作且癸卣  聑㚔婦㛸角

時代　西周早期
著録　《三代》13.27.5
　　　《集成》5307

時代　商代後期
著録　《文物》1978年第5期第95頁
　　　《集成》8984.1-2
收藏　河南新鄉市博物館

聑㚔婦㛸爵　　　　　　聑㚔婦㛸爵

時代　商代後期
著録　《文物》1978年第5期第95頁
　　　《集成》8982
收藏　河南新鄉市博物館

時代　商代後期
著録　《文物》1978年第5期第95頁
　　　《集成》8983
收藏　河南新鄉市博物館

☗斝　　　　　　　　　耳☗爵

時代　商代後期　　　　　　　　　時代　商代後期
著錄　《集成》9106　　　　　　　著錄　《集成》8157
收藏　美國米里阿里斯美術館　　　收藏　美國米里阿里斯美術館

邐簋　　　　　释文

　　辛巳、王酓（飲）多亞、聽享京、邐賜貝二朋，用乍（作）大子丁。

時代　商代後期
著錄　《三代》6.49.1
　　　《續殷》上　48.4
　　　《集成》3975
收藏　北京故宮博物院

（颗）

本圖形初版即錄 ∫（尸）作父己卣蓋、器二件，（尸）作父己壺一件。

李孝定曰："字象人首，戴面具之形，與契文 字意同，代面之戲，或起於殷周之際乎。"

周法高曰："如李說象人首戴面具之形，則颗字也，亦作魌。《荀子·非相》：仲尼之狀，面如蒙倛。四目方相，兩目爲倛。"

颗 《說文》："醜也。从頁，其聲，今逐疫有颗頭。"《周禮·方相氏》注云："冒熊皮者，以驚歐疫癘之鬼，如今魌（颗）頭也。"（扮神的人戴的假面具。）

《集成》以形隸奊（從耳、從大），爲耳、天二族複合族徽。

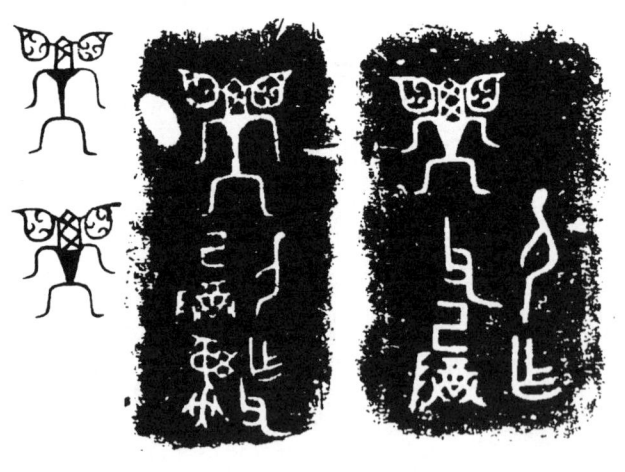

∫（尸）作父己卣

時代　商代後期
著錄　《三代》13.24.4-5
　　　《集成》5280.1-2

∫（尸）作父己壺

時代　商代後期
著錄　《三代》12.8.5
　　　《集成》9576

本圖形爲四版新增補七十三種圖徽之二。

戈葡卣蓋、器二件。蓋爲戈葡二字，器爲辰吳辰三字（辰在吳左右正反字，重文，實爲二字），蓋、器圖形不同極少見，原清宮舊藏，各主要著作均録，未見評論。

夨父丁册方鼎一件四字，夨《集成》隸定天，釋噗。

葡 《説文》："具也。从用，苟聲。"甲文作 ，從矢，從矢器，字像箭盛在箭器中之形。本義是盛矢之器，引申爲具備之義，許在此説非本義。按盛矢之器名不同，製作亦必不同。葡通服，後加竹，爲箙。《説文》："弩矢箙也，从竹服聲。"箙爲後起字，葡已廢。

註：夨形右側加一點，爲異構字。

戈 葡 卣

時代　商代後期
著録　《集成》5101.1-2
收藏　上海博物館

（天）

父丁册方鼎   天 爵

時代　商代後期
著錄　《文物》1964年第4期第49頁
　　　《集成》1858
收藏　中國歷史博物館

時代　商代後期
著錄　《學報》1979年第1期第83頁
　　　《集成》7323
收藏　河南考古所安陽工作站

 禾器

時代　西周早期
著錄　《三代》6.29.7
　　　《集成》10550

本圖形，李孝定曰："字爲大，豕合文，亦屬族徽。"（"合文"即大在〔天〕、豕二族的複合族徽。）"卜辭亦有些字作，爲人名，武丁時期的一員武將。或方國之名與金文合。"初版錄豙妣辛簋、父乙豙觚二件，四版補錄豙鼎（二件）、豙父甲斝、父丁豙爵，四件，今增補十五件，共二十一件。

豙妣辛簋

時代　商代後期
著錄　《三代》6.22.3
　　　《集成》3223

豙鼎

時代　商代後期
著錄　《三代》2.1.8
　　　《集成》1113

（豙）

豙鼎

時代　商代後期
著録　《三代》2.1.9
　　　《集成》1114

豙父甲斝

時代　商代後期
著録　《三代》13.50.6
　　　《集成》9204

父丁豙爵

時代　西周早期
著録　《三代》16.8.3
　　　《集成》8451
收藏　廣東廣州市博物館

父乙豙觚

 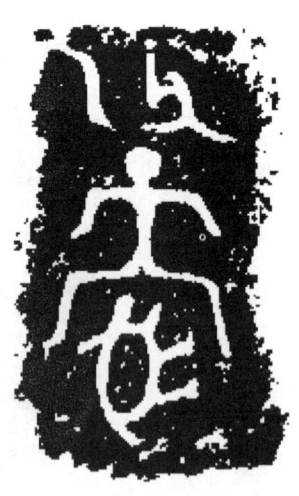

時代　商代後期
著録　《三代》14.24.9
　　　《集成》7091

豖 鼎

時代　商代後期
著録　《三代》2.1.10
　　　《集成》1115

豖 鼎

時代　商代後期
著録　《集成》1116
收藏　清華大學圖書館

豖 父 丁 鼎

時代　商代後期
著録　《三代》2.21.4
　　　《集成》1582
收藏　台北"故宫博物院"

豖 父 丁 尊

時代　商代後期
著録　《集成》5637

豪父丁尊

時代　商代後期
著錄　《集成》5638
收藏　日本東京松岡美術館

豪觚

時代　商代後期
著錄　《集成》6648
收藏　北京故宮博物院

豪觚

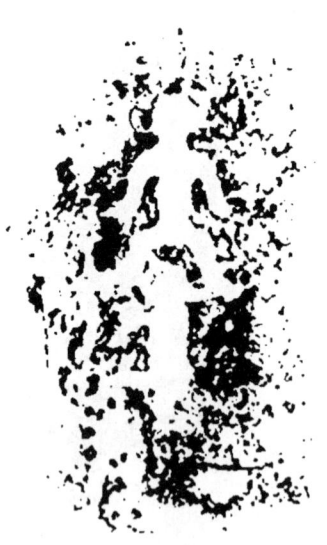

時代　商代後期
著錄　《集成》6649
收藏　北京故宮博物院

豪爵

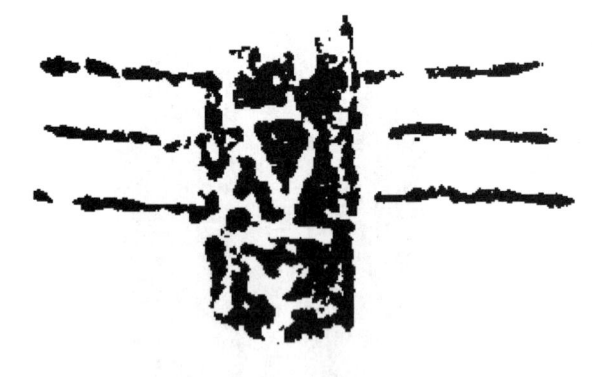

時代　商代後期
著錄　《三代》15.12.3
　　　《集成》7429
收藏　北京故宮博物院

豖爵

時代　商代後期
著錄　《集成》7430
收藏　北京故宮博物院

豖爵

時代　商代後期
著錄　《集成》7431
收藏　加拿大多倫多安大略博物館

豖父乙觚

時代　商代後期
著錄　《集成》9272
收藏　德國科隆東洋博物館

豖器

時代　商代後期
著錄　《集成》10483

豙 戈　　　　　　　　　豙 刀

時代　商代後期　　　　　　　時代　商代後期
著録　《集成》10655　　　　　著録　《集成》11804
收藏　上海博物館

豙 鏟

時代　商代後期
著録　《集成》11828

本圖形，三四版收錄亦戈一件，李孝定曰："此是'亦'字，戈文僅此一字。"卜辭有"亦"字，乃商代晚期人或氏族。

亦　《説文》："人之臂亦也，从大象兩亦之形。"亦，人的腋窩，從大，八像兩腋窩位於臂下的形狀。李孝定："大象人正立之形，八者示兩亦之所在也。"亦、奕通用本古腋字。

甲、金文基本同形，而"亦車"一文，柯昌濟曰："此字當爲輂字本文。"與衆論不一。今增補簋、觚、爵、矛等青銅器十一件，供參攷。

亦戈　　　　　　　　　　　亦車簋

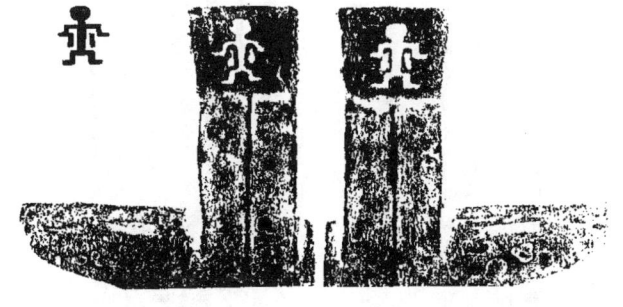 

時代　商代後期　　　　　　時代　商代後期
著録　《集成》10635.1-2　　著録　《集成》2989
收藏　北京故宮博物院　　　收藏　美國華盛頓弗里爾美術陳列館

亦車觚

時代　商代後期
著録　《集成》7045

亦車戈

時代　商代後期
著録　《集成》10863
收藏　北京故宮博物院

亦車戈

時代　西周早期
著録　《三代》19.25.1
　　　《集成》10864

亦車戈

時代　商代後期
著録　《集成》10865.1-2

亦車爵　　　　　　　　亦車爵

時代　商代後期　　　　時代　商代後期
著録　《集成》7718　　著録　《集成》7719

亦車觚　　　　　　　　亦車觚

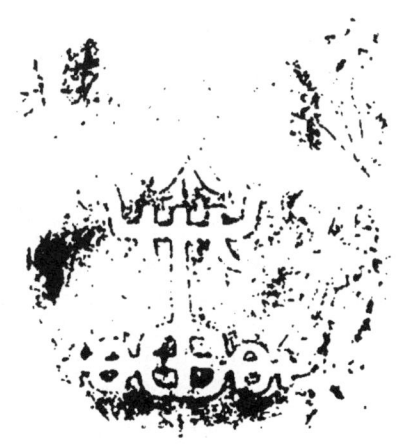

時代　商代後期　　　　時代　商代後期
著録　《集成》7043　　著録　《集成》7044
　　　　　　　　　　　收藏　英國倫敦某氏處

（亦）

亦 車 矛　　　　　　　亦 車 矛

時代　商代後期
著録　《集成》11447.1-2

時代　商代後期
著録　《集成》11448.1-2
收藏　北京故宮博物院

本圖形二版收錄需父辛鼎一件。李孝定曰："字象'大'字，左右腋下各有二點，不審何字。"

　　需 《說文》："䇓也。遇雨不進，止䇓也，从雨而聲。"《易》曰："雲上於天，需。"（雲上升到天頂，是需卦卦象的含義。）需，等待意。008號有亦車戈（《集成》10864）與"亦"字相似，而字義不同。今增補需父辛鼎需戈，需索戈外，附孟簋、伯公父簠等五件。

需父辛鼎　　　　　　　　　需父辛鼎

時代　商代後期　　　　　　時代　商代後期
著錄　《三代》2.27.2　　　著錄　《集成》1636
　　　《集成》1635

需 戈   需索戈

時代　商代後期　　　　　　　　　　　時代　商代後期
著錄　《集成》10636　　　　　　　　著錄　《集成》10847
　　　　　　　　　　　　　　　　　　收藏　河南寶豐縣文化館

孟簋   伯公父簠

時代　西周中期　　　　　　　　　　　時代　西周晚期
著錄　《集成》4163　　　　　　　　　著錄　《集成》4628
收藏　陝西省博物館　　　　　　　　　收藏　周原扶風縣文管所

（偪）

　　本圖形初版未錄，二版起錄作父庚甗，堛（偪）鬲二件。李孝定曰："字象人有所提挈之形……金文不審，究當於今之何字耳。"《集成》隸定堛、释偪。

　　偪《說文》無此字。《方言》："偪，滿也。"

　　李孝定曰："畐字象器形，張廷濟謂象酒器，可從，許訓滿，其引申義也。"偪，古姓。《姓觿》："偪《姓考》云：黄帝庶子姞姓之裔，封于偪（即春秋時偪陽國之地），因氏。《左傳》晉襄公母曰偪姞是也。《姓源》云：求言（人名）卻姓之後。"偪，故城即今山東棗莊南50里。

　　本圖形疑即偪的族徽，待攷。

作父庚甗　　　　　　　鬲

 　　　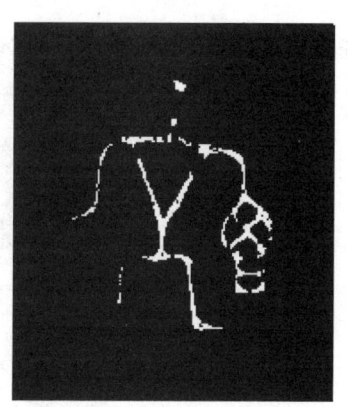

時代　西周早期　　　　　　　　　時代　商代後期
著錄　《三代》5.5.3-4　　　　　　著錄　《集成》446
　　　《集成》881
收藏　日本京都泉屋博古館

商周金文族徽選編

(掃)

本圖形初版即錄，但少見評述。

李孝定曰："字象一人持帚有玨糞除之形，疑掃之古文，卜辭作 ，若 ，象一手持帚，一手持箕，或兩手各執一帚，古文偏旁事類相近之字，每得通用，此從大而其右手並繪手指，象有所廾持，省之則作'又'矣。"

目辛掃𣄰　　　　　　　　　　　　隹掃𣄰

時代　西周早期　　　　　　　　　時代　西周早期
著錄　《三代》13.49.3　　　　　著錄　《三代》13.49.5
　　　《集成》9191　　　　　　　　　　《集成》9192
收藏　美國紐約大都會美術博物館

本圖形二版起僅收錄此一圖。

李孝定曰："字象人兩手揮舞，與金文走字所從𠂇相近，惟並著手指，不審何字也。"

走《說文》："趨也。从夭止。夭止者屈也，子苟切。"金文走從夭從止，與小篆同。上體夭作𠂇，像人走動，兩手上下擺動之形，下體或改止爲彳，或增彳爲辵，從止、從彳與從辵同意。

《集成》隸定"揉"。

觚

取父癸尊

時代　商代後期
著錄　《三代》14.12.6
　　　《集成》6553
收藏　日本東京某氏處

時代　商代後期
著錄　《三代》11.11.2
　　　《集成》5670

（弘）

　　本圖形二版僅收錄🝔簋，四版增收🝔父癸觶、耳作父癸器。

　　李孝定曰："字象人執弓，不可識，可隸定爲弘。"應定爲"弘"，寫法略異。

　　《集成》隸定爲"𢎨"與"弘"。弘是上古的一個民族，本圖形爲該族的單體族徽。

簋　　　　　　　　　　

父癸觶

時代　商代後期　　　　　　　　　時代　西周早期
著録　《三代》6.1.2　　　　　　著録　《文物》1972年第12期第8頁
　　　《集成》2916　　　　　　　收藏　甘肅省博物館
收藏　北京故宮博物院

耳作父癸器  　　　簋

時代　西周早期　　　　　　　時代　商代後期
著録　《三代》6.42.1　　　　著録　《西清》13.41
　　　《集成》10574　　　　　　　　《集成》2917
　　　　　　　　　　　　　　收藏　清宮舊藏

弢耳觚 　　　　弢爵

時代　商代後期　　　　　　　時代　商代後期
著録　《集成》6931　　　　　著録　《考古》1981年第7期第27頁
收藏　遼寧省博物館　　　　　　　　《集成》7387
　　　　　　　　　　　　　　收藏　河南省羅山縣文化館

（㹜）

本圖形初版即收錄。

方濬益曰："此文象人手執旂之形。"

旂，《說文》："旗有眾鈴，以令眾也。从㫃斤聲。"

高田忠周曰："按古文'子'、'人'二字通用，此從旂從子，猶從㫃從人同意。"

李孝定曰："字從旂從大，於此爲族名。方氏但解字義。高田氏謂古人'子'、'人'兩字通用，其說未確。"

吳大澂釋"子立旂形"。

《集成》隸定"㹜"與"㹜"字。

且乙卣

作且丁尊

時代　商代後期
著錄　《三代》12.46.1-2
　　　《集成》4890.1-2
收藏　日本東京根津美術館

時代　商代後期或西周早期
著錄　《集成》5715

本圖初版未收，二版收錄三器，三版增錄一器。

舊釋子字，謂子執戈形。李孝定曰："字象一人執戈形，疑馘之古文，從大，從丮得通。"

甲骨文作 ，像人跪降馘戈之形。

金文作 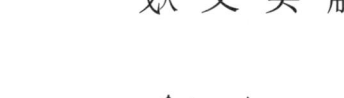，像雙手執戈之形。

馘 《說文》："擊踝也。从丮，从戈。讀若踝，胡瓦切。"形與意已遠甲、金文，爲後起也。

《集成》隸定犾，釋戒。

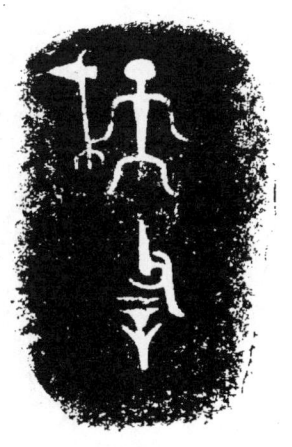

犾父辛觚

犾父癸觶

時代　西周早期
著錄　《三代》5.3.3
　　　《集成》821

時代　西周早期
著錄　《三代》6.16.2
　　　《集成》3200
收藏　北京故宮博物院

父庚爵

時代　商代後期
著錄　《三代》16.16.10
　　　《集成》8586
收藏　北京故宮博物院

父辛簋

時代　西周早期
著錄　《三代》6.16.2
　　　《集成》3200
收藏　北京故宮博物院

母癸觚

時代　商代後期
著錄　《集成》826
收藏　上海博物館

狄父辛簋

時代　西周早期
著錄　《學報》1954年8月15期
　　　《集成》3207
收藏　陝西省博物館

犾父庚觶

時代　西周早期
著録　《三代》14.45.3
　　　《集成》6293

犾父癸觶

時代　西周早期
著録　《三代》14.47.2
　　　《集成》6330

犾父庚爵

時代　商代後期
著録　《三代》16.16.9
　　　《集成》8585

犾父辛爵

時代　商代後期
著録　《三代》16.17.8
　　　《集成》8603

本圖形初版至四版僅錄此器一件。

李孝定曰："此與甲骨文寇字作󰁡者，構字之意略同，未審是同字否。"

󰁡《甲骨文字典》："從宀、從⺈（丮）持丨，丨或作𠃊、卜、卩等形，象人持械在屋下執事之形。郭沫若釋宰，葉玉森釋寇。""《說文》所無，自字形及辭例觀之，當爲地位近於奴隸之人，戰時用爲士兵，祭記時則用爲人牲，而時有逋逃之事。"

寇 《說文》："暴也，从攴、完。"《金文編》："從人，從攴在宀下，會意。"寇爲莘夏古姓之一，黃帝之裔，在夏爲昆吾氏，其後裔蘇忿生爲周武王之司寇，子孫以官職爲氏。

《集成》隸定宼（戒）。

󰁡 父癸方鼎

時代　商代後期
著錄　《三代》2.30.4
　　　《集成》1677

本圖形二版至四版僅收屰大觚一件。

方濬益曰："此文作二人。一手持斧，一爲倒文。"

李孝定曰："字象一人，一手持斧鉞，另手倒曳一人，疑戰時俘敵或捽曳就刑之狀……當隸定作戜。"

《集成》隸定戜（屰、大〔人〕、戊三族的複合族徽）。屰大（人）、戊三文按《說文》試解如下：

屰《說文》："不順也，从干、下屮，屰之也。"甲文作 ᵚ、ᵚ。金文作 ᵚ 均爲倒人形，人倒乃不順，與逆字用意。"

大 《說文》第389部首："天大、地大，人亦大，故大象人形。"

甲文作 ᵚ、ᵚ 金文作 ᵚ、ᵚ，像人正面形，揚其兩手，張其兩足。

戊，《說文》第452部首："斧也。从戈，ㄣ聲。"甲文作 ᵚ、ᵚ，金文作 ᵚ，像斧鉞之形。

戜　觚

時代　商代後期
著錄　《三代》14.13.1-2
　　　《集成》6709

(狱)

本圖形初版起即收錄。

方濬益釋子執干形曰："即干舞也。"干舞即古代兵舞。李孝定曰："字象人左右各執一戈形，與015號圖形之從大，手執一戈者，疑是一字，或當釋𢦏，方氏以干舞說之，未窨，所執者，戈非干也，然要亦武舞之象，方氏說其義是也。"

𢦏 《說文》："擊踝也，从丮，从戈，讀若踝。"甲文作 ，金文作 ，像雙手持戈之形，甲文較金文更形象，而《集成》隸定𢦏釋𢦏。

 父癸簋

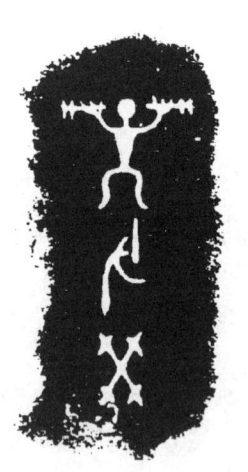

時代　西周早期
著錄　《三代》7.4.2
　　　《集成》3215

　鼎

時代　商代後期
著錄　《集成》1012
收藏　北京故宮博物院

 父癸鼎

時代　商代後期或西周早期
著録　《集成》1668
收藏　丹麥哥華哈根國家物館

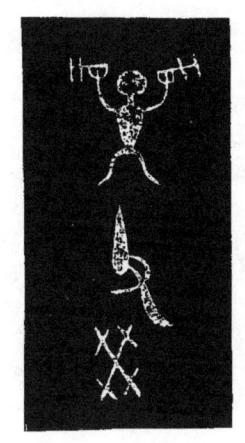 父癸卣

時代　西周早期
著録　《集成》4996

 父辛觚

時代　西周早期
著録　《三代》14.26.10
　　　《集成》7143

 𡑝簋

時代　西周早期
著録　《文物》1975年第3期第73頁
　　　《集成》3125
收藏　陝西寶雞市博物館

犾作且乙卣

時代　西周早期
著錄　《集成》5262.1-2

犾父己爵

時代　商代後期或西周早期
著錄　《三代》16.12.8
　　　《集成》8538
收藏　北京故宮博物院

狀父癸尊

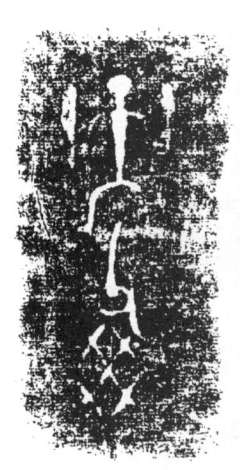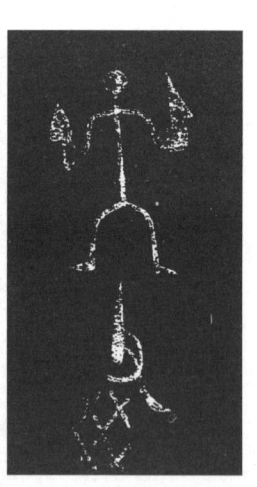

時代　商代後期
著錄　《三代》11.11.1
　　　《集成》5668.1-2

犾父乙觶

時代　西周早期
著錄　《三代》14.40.11
　　　《集成》6222

本圖形二版收錄七圖，三版增錄四圖。

對此圖形方濬益釋"子執干戚。"馬敘倫曰："疑《說文》之戠。"

李孝定曰："字象一人左執而右執戈（或相反亦是一字），方氏說其意是也。余初釋戲，今睹馬氏說，釋戠，較余說於字形尤切。"

《集成》隸定䇂、𢦓。釋戒。

䇂且丁尊

𢦓且丙觚

時代　西周早期
著錄　《三代》11.6.7
　　　《集成》5601

時代　商代後期
著錄　《錄遺》342
　　　《集成》7076
收藏　北京故宮博物院

（夨）

夨鼎父乙尊    且己父己卣

時代　商代後期
著録　《三代》11.14.3
　　　《集成》5731

時代　商代後期
著録　《三代》14.28.8（蓋）
　　　《集成》5145.-1
收藏　瑞士蘇黎世瑞列堡博物館

夨觚    簋

時代　商代後期
著録　《三代》14.12.9
　　　《集成》6706

時代　西周早期
著録　《文物》1965年第7期第27頁
　　　《集成》2921
收藏　山東臨沂市博物館

商周金文族徽選編

0164

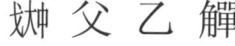

 甗　　　　　　　　　　 父乙觶

時代　商代後期　　　　　　　　時代　西周早期
著錄　《文物》1965年第7期第27頁　著錄　《三代》14.40.10
　　　《集成》784　　　　　　　　　　《集成》6221
收藏　山東臨沂縣文物組　　　　收藏　北京故宮博物院

趞作日癸觚　　　　　　 且己父己卣

時代　西周早期　　　　　　　　時代　商代後期
著錄　《續殷》下63.3　　　　　著錄　《三代》6.21.6（器）
　　　《集成》7305　　　　　　　　　《集成》5145.-2
收藏　廣東廣州市博物館　　　　收藏　瑞士蘇黎世瑞列堡博物館
　　　　　　　　　　　　　　　　　　備註：與016-4為一器的二部份

父己矢戉觶　　　母己簋

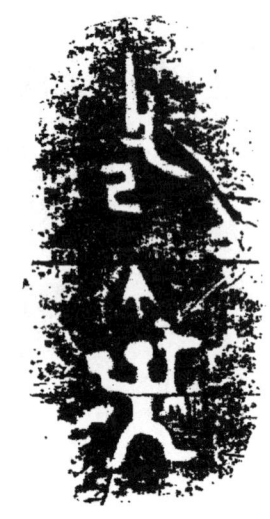

時代　商代後期
著録　《續殷》下58.1
　　　《集成》6401
收藏　上海博物館

時代　商代後期
著録　《集成》3222
收藏　河南考古所安陽工作站

父己𠂤虎觚

時代　商代後期
著録　《集成》7223

劃䀇作且簋

時代　西周早期
著錄　《三代》6.43.1
　　　《集成》3684

㚔爵

時代　商代後期
著錄　《文物》1965年第7期第27頁
　　　《集成》7388
收藏　山東臨沂縣博物館

䇂（戒）觚　　　　　　　戋（戒）虎觚

　　　　　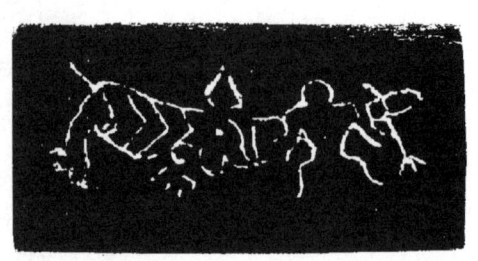

時代　商代後期　　　　　　時代　商代後期
著錄　《集成》6707　　　　著錄　《集成》7035
收藏　山東臨沂地區文管會　收藏　美國普林斯頓大學美術
　　　　　　　　　　　　　　　　博物館卡特藏器

䇂（戒）觚

時代　商代後期
著錄　《集成》6708
收藏　山東臨沂地區文管會

本圖形初版至四版均錄此比簋銘文一件。

李孝定曰："字上所從與契文上，甲作田者同，其下即戟若戜，字未詳其義。"

《集成》隸定𤰞、釋戎。此簋銘文釋作"比乍（作）伯婦尊彝彝"。姓比的人製作的彝品。比爲古姓，商裔，比干之後。左上𤰞爲其比姓族徽。

戎 《說文》："兵也。从戈，从甲。"甲文作 ，字從戈，從中，即田字，像方盾形。金文作 ，像人一手持盾一手持戈形。

戜 《說文》："盾也，从戈、旱聲。"乃干戈本字。

比簋　　　　　　　　　父乙鼎

時代　商代後期
著錄　《三代》6.39.7
　　　《續殷》上46.4
　　　《集成》3625

時代　商代後期
著錄　《學報》1979年第1期第81頁
　　　《集成》1533
收藏　河南考古所安陽工作站

觚

時代　商代後期
著錄　《文物》1965年第7期第27頁
　　　《集成》6707
收藏　山東臨沂地區文管會

觚

時代　商代後期
著錄　《文物》1965年第7期第27頁
　　　《集成》6708
收藏　山東臨沂縣博物館

父乙爵

時代　西周早期
著錄　《三代》16.3.10
　　　《集成》8377

父辛爵

時代　商代後期
著録　《學報》1979年第1期第81頁
　　　《集成》8601
收藏　河南考古所安陽工作站

且辛爵

時代　商代後期
著録　《集成》8344
收藏　上海博物館

父辛爵

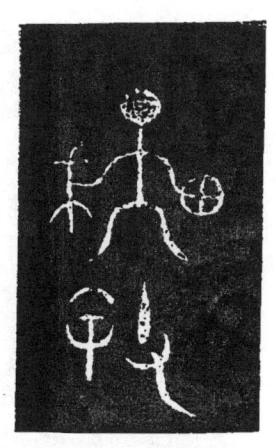

時代　商代後期
著録　《集成》8602

本圖形爲四版新增補七十三種圖徽之一，少見論述。《集成》隸定𢦟，𢦟𢦟、𢦟等，大、戈、又（手）三個族徽的合文（複合族徽），釋戒。今據《說文》作解形釋意如下：

戒　《說文》："警也，从収〔廾〕持戈，以戒不虞〔預料〕。"甲文作 ，像雙手握着戈，有保衞警戒之意。金文作 與甲文略同。

収（廾）　《說文》第62個部首："𢩰手也，从𠂇，从又，由𠂇（𠂇）又兩個手拱合之會意。"収、共古今字，共、拱也是古今字。

戈　《說文》第451個部首："平頭戟也，从弋，一横之，象形。"

甲文作 ，獨體象物字。李孝定曰："中豎象柲〔柄〕，中長横畫一端象刃他端象内（插入柄的部分），直畫下端或作 象垂纓。"

金文作 ，比甲文更象形。陳夢家以爲戈或爲域，國之異體字。

時代　商代後期
著録　《學報》1981年第4期第496頁
　　　《集成》6704
收藏　河南考古研究所安陽工作站

時代　商代後期
著録　《學報》1981年第4期第496頁
　　　《集成》6701
收藏　河南考古研究所安陽工作站

庚戚（戒）觚　　　　　　　　　　　戚夂（戒）觚

時代　商代後期
著録　《學報》1981年第4期第496頁
　　　《集成》6702
收藏　河南考古研究所安陽工作站

時代　商代後期
著録　《學報》1981年第4期第496頁
　　　《集成》6703
收藏　河南考古研究所安陽工作站

戈大（戒）觚　　　戈大（戒）觚　　　大戈（戒）觚

時代　商代後期
著録　《集成》6698

時代　商代後期
著録　《集成》699
收藏　上海博物館

時代　商代後期
著録　《學報》1979年第1期第81頁
　　　《集成》6700
收藏　河南考古研究所安陽工作站

（何）

　　本圖形二版起即錄此器。

　　李孝定曰："字象一人荷戈形，當爲何之異構，卜辭有此字，通作𠂇，象人荷可（柯之初字）形，可亦聲。亦作𠂉，象人員戈形，戈亦聲。與甲文伐字形似，作𢦒𢦏。"《說文》："伐，擊也，从人持戈，一曰敗人也。"

　　何　《說文》："儋也。从人，可聲。"金文作𠂇𠂉，與甲文形似，何，單體族鑄器約有十件以上，本圖爲何與幸二族的複合族徽。"

　　幸　《說文》："所以驚人也，从大，从𢆉，一曰大也。一曰讀若瓠，一曰俗語以盜不止爲幸，幸讀若籋。"甲文作𡶒𡶒等，獨體像物字，像古刑具手栲之形，即今的手銬。金文作𢆉，小篆本於此。隸變作幸，與甲文之形遠甚。幸是《說文》第397個部首。《漢語大字典》分爲夲幸二字，夲入大部首，幸入土部首，《新華》入土部。

何爵　　　　　　　　　　　　爵 何

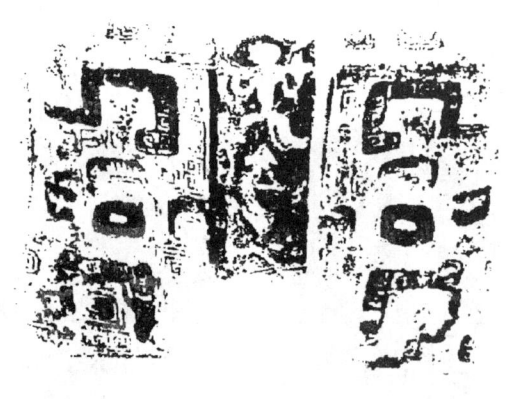　　　　　　

時代　西周早期　　　　　　　　　　時代　商代後期
著錄　《三代》15.32.7　　　　　　　著錄　《集成》8152
　　　《集成》8151　　　　　　　　　收藏　上海博物館
收藏　上海博物館

本圖形與019號相同，三版起即錄，但未見深入論述。

高田忠周曰："按古孫字有二形，一即象形，與子字稍同。而子孫連文者，一緐一省，以相分別。惟有子緐而孫省者，其例無一定。"此  即系古文，"  即孫象形，亦當爲子字，即知如此篆、會、意字之古者，後變作孫，字形齊整耳。"

李孝定曰："高田氏釋此爲'孫'未吝，古文編旁中凡事類相近者雖可通作，然'子'、'大'未見相通者，說宜存疑。"

孫 《說文》："孫，子之子曰孫，从子从系，係續也。"從子、從系，字像系子延續無窮。甲文作 𤔲 𡥜 𢀳 𣏾 ，與本圖形近似。

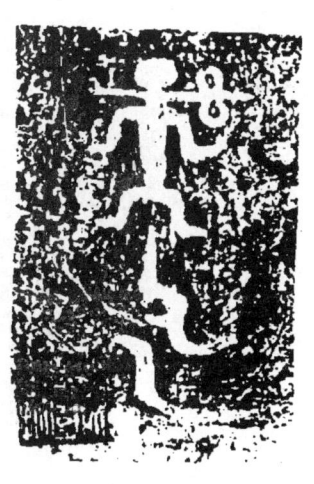

父乙簋

時代　商代後期
著錄　《續殷》上36.9

大絲（係）父乙觚

時代　商代後期
著錄　《三代》14.24.7
　　　《續殷》下43.10
　　　《集成》7089
註：　見027號

本圖形二版即收錄十件，對此圖形引起眾多關注，眾多論述。

李孝定曰："此字從戈，從大無首，乃一刑人之象意文字，諸家說字意皆是。""然究當於今之何字，則惟高氏（鴻縉）有較近似之解釋，高氏舉契文二字爲言，謂同爲聝字，說字意甚是。然苦於字形無徵，竊疑或馘之最古圖畫文字。""苦無確徵，存之以備一說爲也。"

金文作，"戈乃或之省文，乃首之省文，倒書耳。"

聝 《說文》："軍戰斷耳也。"《春秋傳》曰："以爲俘聝，從耳或聲，或從首。""截耳則作耳旁，獻首則作首旁。"

《集成》依形隸䙴，釋聝（即聝亦即馘）。

䙴父乙鼎　　　　　　　　　䙴鼎

時代　商代後期　　　　　　時代　商代後期
著錄　《三代》2.19.5　　　著錄　《三代》2.4.5
　　　《集成》1536　　　　　　　《集成》1023
收藏　北京故宮博物院　　　收藏　廣東廣州市博物館

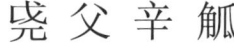

夒觚

時代　商代後期
著錄　《三代》14.13.12
　　　《集成》7066
收藏　台北"故宮博物院"

夒父辛觚

時代　商代後期
著錄　《三代》14.26.12
　　　《集成》7144

夒父乙盉

時代　商代後期
著錄　《三代》14.3.1
　　　《集成》9343
收藏　美國舊金山亞洲藝術博物館

夒父乙鼎

 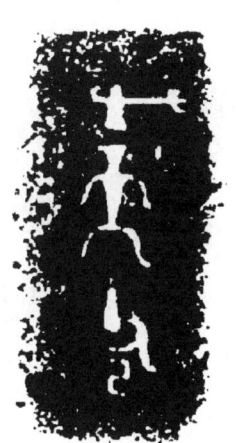

時代　商代後期
著錄　《三代》2.25.1
　　　《集成》1605

（夨奀）

奀且癸爵

時代　商代後期
著録　《三代》16.3.6
　　　《集成》8358

奀爵

時代　商代後期或西周早期
著録　《三代》15.11.2
　　　《集成》7395
收藏　遼寧省博物館

奀父乙爵

時代　商代後期
著録　《三代》16，4.10
　　　《集成》8389

作父丁奀尊

時代　西周中期
著録　《三代》11.21.3
　　　《集成》5826

商周金文族徽選編

0178

尭鼎

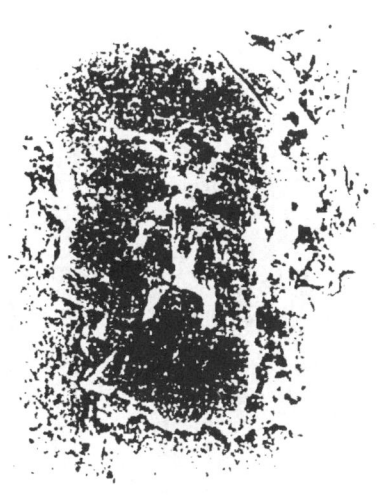

時代　商代後期
著録　《集成》1020
收藏　北京故宮博物院

尭鼎

時代　商代後期
著録　《三代》2.4.6
　　　《集成》1021

尭鼎

時代　商代後期
著録　《三代》2.4.7
　　　《集成》1022

尭父辛鼎

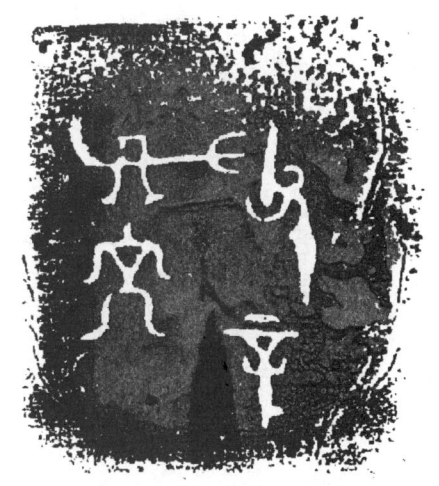

時代　西周早期
著録　《三代》2.28.5
　　　《集成》1637

堯父癸鼎

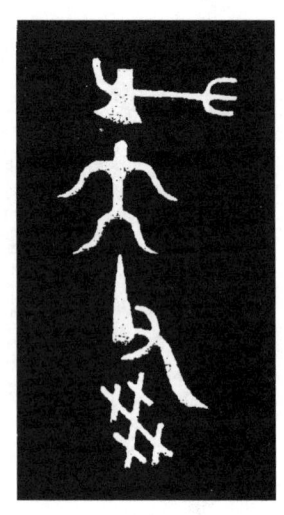

時代　商代後期
著録　《集成》1669

堯作父乙卣

時代　西周早期
著録　《集成》5204
收藏　美國紐約乃布氏處

堯尊

時代　西周中期
著録　《三代》11.2.5
　　　《集成》5465

堯大觚

時代　商代後期
著録　《録遺》304
　　　《集成》6716
收藏　英國阿倫或巴羅女士處

兂觚

時代　商代後期
著録　《集成》6717
收藏　中國歷史博物館

兂丙觚

時代　西周早期
著録　《録遺》359
　　　《集成》7299

兂爵

時代　商代後期
著録　《集成》7391
收藏　北京故宮博物院

兂爵

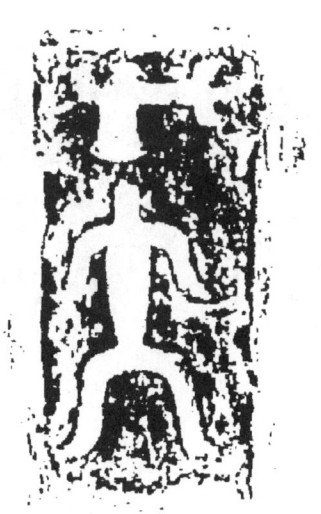

時代　商代後期
著録　《集成》7392
收藏　上海博物館

（堯堯）

尭爵

時代　商代後期
著録　《集成》7393
收藏　河南安陽市博物館

尭爵

時代　商代後期或西周早期
著録　《集成》7394
收藏　北京故宮博物院

尭爵

時代　商代後期
著録　《集成》7397
收藏　英國米里阿波里斯美術館

尭爵

時代　商代後期
著録　《續殷》下38
　　　《集成》7396

商周金文族徽選編

嘦且癸爵

時代　商代後期
著錄　《集成》8359
收藏　上海博物館

嘦且乙爵

時代　西周早期
著錄　《三代》16.1.12
　　　《集成》8312
收藏　北京故宮博物院

嘦父辛爵

時代　商代後期或西周早期
著錄　《集成》8605
收藏　北京故宮博物院

(奊堯)

堯父癸爵

時代　商代後期
著録　《集成》8680

堯☐父辛爵

時代　西周早期
著録　《續殷》下13.5
　　　《集成》8947
收藏　北京故宮博物院

堯父乙鉞

時代　商代後期
著録　《集成》11756
收藏　瑞典斯德哥摩遠東古物館

商周金文族徽選編

本圖形初版收録父乙盤父丁鼎，且癸簋三件，二版增至十件。三版始建序號，增亞佣壺，編爲024號（五圖）。

李孝定曰："字舊釋子荷貝形，徐同柏謂蓋古嬰兒之象，已進一境。郭〔沫若〕氏釋佣，且言朋貝由頸飾度爲貨貝，其說甚是，惟未及佣嬰二字之關係，是猶未達一聞，馬〔敘倫〕氏亦釋佣，亦是。"認爲"二形，當分收作'嬰'、'佣'二字，不當入附録"。今分解如下：

佣 《說文》："輔也，从人，朋聲、賏聲，讀若陪住。"甲文作 𦜳 𦜴。古人以貝玉爲頸飾也，形象逼真。金文作 𦝁 𦝂。容庚曰："金文以为佣友之朋，经典通作朋贝之朋，而專字廢。甲，金形，義同，朋与賏字視爲一字。"

嬰 《说文》："頸飾也，从女賏。賏其連也。"古人用貝作爲貨幣。重貝，隸變爲朋。古人連貝爲嬰，似今天的頸鏈。甲文作 𦝃 𦝄，從捆、從貝。金文作 𦝅。賏、嬰二字音義同。

 父乙盤　　　　　　 父丁鼎

　　　　　　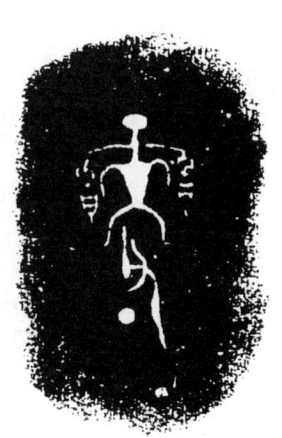

時代　商代後期　　　　　　　時代　西周早期
著録　《三代》17.2.1　　　　著録　《三代》2.21.3
　　　《集成》10039　　　　　　　《集成》1592
收藏　北京故宫博物院

（佣）

父丁盂

時代　商代後期西周早期
著錄　《三代》14.4.1
　　　《集成》9350
收藏　北京故宮博物院

父乙簋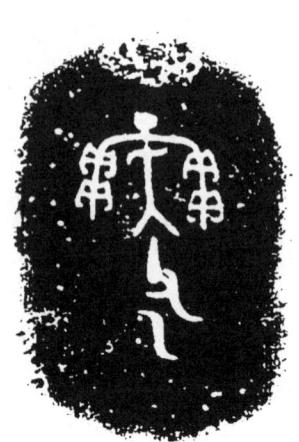

時代　商代後期
著錄　《三代》6.12.1
　　　《集成》3151
收藏　美國舊金山亞洲藝術博物館

父辛爵

時代　商代後期或西周早期
著錄　《三代》16.17.6
　　　《集成》8604

鼎

時代　商代後期
著錄　《三代》2.1.3
　　　《集成》1007

 父乙卣

時代　商代後期
著録　《三代》12.5.1-2
　　　《集成》4956

 且癸角

時代　商代後期
著録　《三代》16.43.2
　　　《集成》8361

鼎

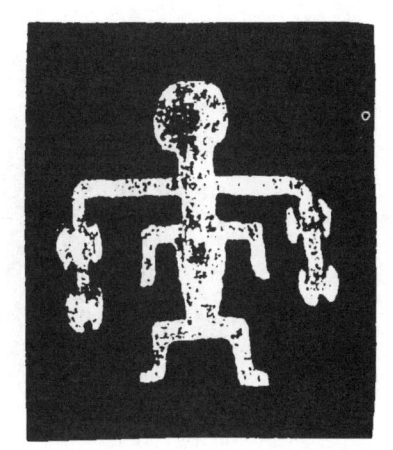

時代　商代後期
著録　《集成》1005

鼎

時代　商代後期
著録　《三代》2.1.4
　　　《集成》1006

女鼎

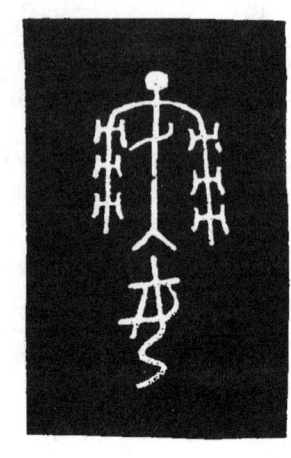

時代　商代後期或西周早期
著録　《集成》1460

女鼎

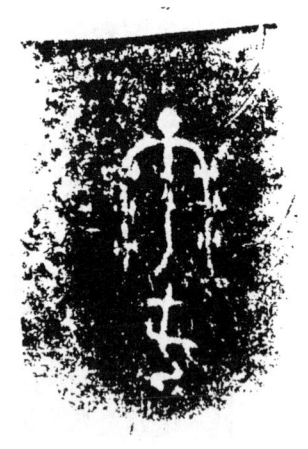

時代　商代後期或西周早期
著録　《三代》2.12.9
　　　《集成》1461

且丁鼎

時代　商代後期或西周早期
著録　《三代》2.17.3
　　　《集成》1510
收藏　台北"故宮博物院"

簋

時代　商代後期
著録　《文物》1963年第3期第45頁
　　　《集成》3068
收藏　陝西省博物館

且丁簋

時代　西周早期
著録　《集成》3138
收藏　美國波斯頓美術博物館

且己簋

時代　西周早期
著録　《集成》3140
收藏　英國雅士莫里博物館

父癸簋

時代　西周早期
著録　《文物》1959年第11期第72頁
　　　《集成》3214
收藏　陝西省博物館

 父乙卣

時代　西周早期
著録　《集成》4911
收藏　瑞典斯德哥爾摩遠東古物館

 兄丁卣

時代　西周早期
著録　《集成》5002
收藏　美國哈佛大學福格美術博物館

 兄丁卣

時代　西周早期
著録　《集成》5003
收藏　美國哈佛大學福格美術博物館

 兄丁尊

時代　商代後期或西周早期
著録　《集成》5683
收藏　美國紐約某氏處

耴形觚

時代　商代後期
著錄　《錄遺》325
　　　《集成》6928

形耴觚

時代　商代後期
著錄　《集成》6929
收藏　北京故宮博物院

爵

時代　商代後期
著錄　《集成》7384
收藏　北京故宮博物院

且癸角

時代　商代後期
著錄　《集成》8362

父癸爵　　　　　　　　父乙壺

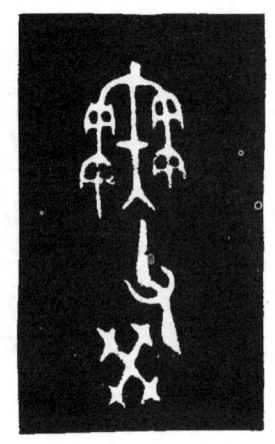

時代　商代後期或西周早期　　　時代　西周早期
著錄　《集成》8677　　　　　　著錄　《文物》1983年第2期第5頁
　　　　　　　　　　　　　　　　　　《集成》9501
　　　　　　　　　　　　　　　收藏　陝西寶雞市博物館

爵耴且丁爵

時代　商代後期
著錄　《三代》16.2.2
　　　《集成》8840
收藏　上海博物館

上組（023號）圖形主要爲嬰氏族徽及二件，耳、又、嬰三族複合族徽，本組圖形主要是嬰、舟二族複合族徽。

舟 《說文》第309個部首："舟，船也。古者共鼓貨狄（黃帝、堯、舜時候的人）刳木爲舟、剡木爲楫，以濟不通，象形。"甲文作 ⛵、⛵。金文作 ⛵，與甲文形義相同。小篆依甲、金文字形作 月。

 形壺　　　　　　 舟觶

時代　商代後期　　　　　　時代　商代後期
著録　《三代》12.1.8　　　著録　《三代》14.32.2
　　　《集成》9478　　　　　　　《集成》6189
　　　　　　　　　　　　　收藏　于省吾舊藏

舟觶

時代　商代後期
著録　《集成》7037
收藏　上海博物館

舟鼎

時代　商代後期
著録　《集成》1450
收藏　美國紐約某私人處

爵

時代　商代後期
著録　《録遺》409
　　　《集成》7385

父丁鼎

時代　商代後期
著録　《集成》1838

形卣　　　　　　　　　　　　形觚

時代　商代後期　　　　　　　時代　商代後期
著録　《録遺》233　　　　　著録　《録遺》314
　　　《集成》4842　　　　　　　　《集成》7037
　　　　　　　　　　　　　　收藏　中國歷史博物館

形觚　　　　　　　　　　　　亞形爵

時代　商代後期　　　　　　　時代　商代後期
著録　《集成》7038　　　　著録　《集成》7789
收藏　中國歷史博物館　　　　收藏　北京故宮博物院

形□爵　　　　　　　　　　亞☒戈

時代　商代後期或西周早期　　　時代　商代後期
著錄　《錄遺》440　　　　　　著錄　《集成》10838
　　　《集成》8165　　　　　　收藏　北京故宮博物院

佣舟矛

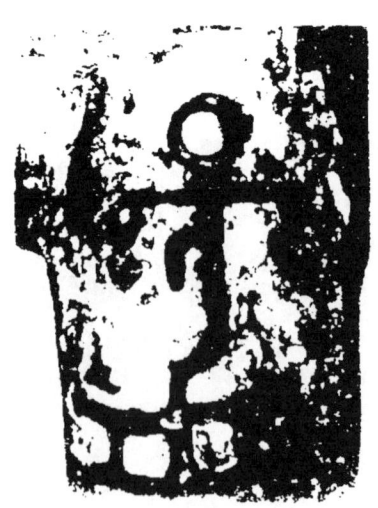

時代　商代後期
著錄　《三代》11449.1-2

本圖形二版至四版，僅錄此器一件。

李孝定曰："象人有所提挈形，與009號字同意，未審何字。"

本圖形上文隸定葡，下文隸定偱（見009號釋意）。

葡 《說文》："貝也，从用，茍省。"甲文作 等形，矢，從矢器，字像箭盛在箭器中之形，器中盛多矢引申爲具備之義。金文作 ，于省吾曰："甲骨文的葡字，即箭之箙本字。""金文，矢形仍明顯。"至小篆譌爲從 ，矢箙之形全失。

盛矢之器名不同，製作亦必不同，有從竹、從革、從金等不同字，但義很少變。

葡  爵

時代　商代後期
著錄　《三代》15.31.8
　　　《集成》814
收藏　上海博物館

本圖形二版起即收錄，出處註明爲《攈古》之一、十一。

方濬益釋子提器形曰："按薛氏款識執干父癸卣，文作🕺，釋爲子執干，引博古錄云，上爲人形，兩手各執干。"

李孝定曰："字不可識，方氏亦但說字形，未明音義。"

干，甲文作丫 丫獨體字，古單字。《說文》："干，犯也，从反入，从一。"許說非本義，是國名，字或作邗。《說文》："邗，國也，今屬臨淮（江蘇揚州市東北）……一曰邗本屬吳。"邗，周武王之子封地，後滅於吳（吳王夫差稱邗王），吳越又稱干越。干，金文作丫 丫 丫。

郭沫若曰："古干字乃圓盾之象形也，盾下有蹲，盾上之V形乃羽飾也。"後來圓點變爲一橫，上部之V小篆變爲凵，就不象形了。

一字二義說解不同。

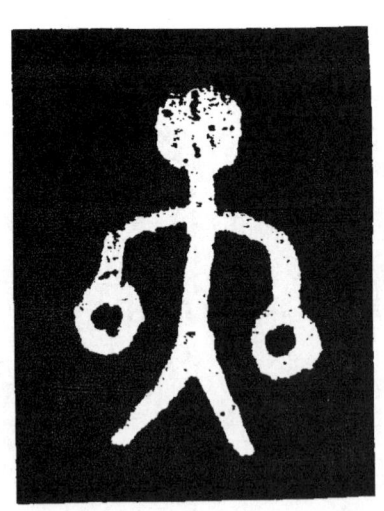

原未註明音義

本圖形二版開始即收錄。

楊樹達曰："按字左旁作子形，右從𢆶者，亦加聲旁，𢆶以表字音也。"

"劉體智釋作孫，非也。"

李孝定曰："疑與020號圖形爲同文，楊（樹達）氏釋此爲子，謂從大，𢆶聲其說待商。"《集成》隸定𡘧，釋係。

係　《說文》："絜束也。从人、从系，系亦聲。"甲文作 等形，舊不識，于省吾曰："象用繩索以縛係人的頸部。"許訓係爲絜束，乃引申義，非本義，誤以會意爲形聲。

係本應作系，由於相沿已久，仍寫作係。

古文字從幺或系的偏旁有分有合，係字初形作。

𡘧父乙觚

時代　商代後期
著錄　《三代》14.24.7
　　　《續殷》下43.10
　　　《集成》7089

本圖形三版起始録本組第二器，四版增第一、三器。

李孝定（對第三器）曰："字不可識。"周法高曰："當隸作吴。"

李孝定（對第一器）曰："字從矢，從甘，古文從口之字，每於口中著一點，此例頗多，然從甘，猶從口也，此字疑吴之異構，姑存之以備一説。"

李氏先"不可識"，周氏隸吴，李氏又"疑吴之異構"，《集成》隸吴，亦隸昊（昗），難為後學矣。

吴 《説文》曰："姓也，亦郡也。吴大言也，从矢口，𠯤古文如此。"吴姓原多説，一説周太伯封於吴，因以命氏姓，為越滅。一説上古舜封虞，被晉滅，虞望族遷會稽（今江蘇吴縣）。虞、吴音近，典籍二字通假。甲文作吴、昃，金文作吴昃，從矢口，矢或作大。矢字頭偏左偏右不别，小篆始以偏左者（𠂹）為矢，偏右者（矢）為矢。（吴昊為初文。厄、昗、厌其孳乳，厌為省文，本圖該疑定吴姓徽記）。

 觚　　　　　　　　　  犾駿觥（蓋）

時代　商代後期
著録　《録遺》297
　　　《集成》6560
收藏　北京故宫博物院

時代　西周早期
著録　《文物》1972年第7期第11頁
　　　《集成》9300
收藏　陝西扶風縣博物館

犾駿簋　　　　　　 方鼎

時代　西周中期
著録　《集成》3976

時代　商代後期或西周早期
著録　《集成》996
收藏　北京故宫博物院

方鼎　　　　　　　父乙方甗

時代　商代後期或西周早期
著録　《集成》997
收藏　北京故宫博物院

時代　西周早期
著録　《集成》9866
收藏　美國聖路易市美術博物館

父庚觚

時代　西周早期
著錄　《集成》7139

作燹觚

時代　西周早期
著錄　《三代》14.28.1
　　　《集成》7205

作燹觚

時代　西周早期
著錄　《三代》14.28.1
　　　《集成》7206

本圖形二至四版收錄此器。

李孝定曰："此列二文，恐未必是一字。A形似首有所戴，與（030號）一文略近。B形疑是夭字。"

夭 《說文》第392個部首："屈也，从大，象形。"甲文作 ᙏ ᙏ，獨體像物字，李孝定曰："契文夭象走時兩臂擺動之形。"本文是奔走。金文奔字從夭，從二止 ᙏ。容庚曰："矢象頭之動作，夭象手之動作。"

  作夔卣

時代　西周早期
著錄　《三代》12.57.5-6
　　　《集成》5025

本圖形二版至四版收錄三器，本册新增補三器。

容庚曰："形，象首負戴而手提挈之形。"

李孝定曰："象首戴物而手提挈之形，容說字意是也，惟字不可識。"

《集成》均釋吳（見028號說明）。

作父癸甗　　　　　　　作祖戊鼎

時代　西周早期　　　　　　　時代　西周早期
著錄　《錄遺》103　　　　　　著錄　《三代》2.36.6
　　　《集成》905　　　　　　　　　《續殷》上18.4
收藏　北京故宮博物院　　　　　　　《集成》1814

 父己尊　　　作父丁鼎

時代　商代後期
著録　《三代》11.9.5
　　　《集成》5643

時代　西周早期
著録　《集成》2250

父乙盉　　　吳盉

時代　西周早期
著録　《集成》9372
收藏　日本奈良甯樂美術館

時代　西周早期
著録　《三代》14.8.4
　　　《續殷》下72.12
　　　《集成》9407

本圖形二版至四版均收錄。

柯昌濟曰："變字從人形，從絲，取人以絲帛，變衣裳之誼。"楊樹達釋子。

李孝定曰："字不可識，楊樹達氏釋子（見前（027號大絲）條，非是，字當隸定作䉤，當是從舜、𢆶聲，惟不審何字耳。"

《集成》027號圖形隸定大絲釋係。本圖在"從大〔人〕，從絲（重系）下，又從爪（𠂇𠃌重爪）"。隸定爲係，無釋文。

舛 （雙足）《說文》第199個部首："舛，對臥也，從夕㐄相背。"古作𦎧𠌶。從舛之字有舞、舜、雞等字（本圖形大〔人〕下是𠯳，是爪〔手〕待攷）。

父癸爵

時代　西周早期
著錄　《三代》16.21.5
　　　《續殷》下31.6
　　　《集成》8679

本圖形初版起即録。

李孝定曰:"字不可識。"

考形均爲免字,即古文冕字。《說文》無免字,金文作 冃,從 冖、從人。

冕《說文》:"大夫以上冠也。邃延、垂瑬、紞纊从冃,免聲。古者黃帝初作冕。"

郭沫若曰:"免字原作 冃,古文作 冃。余謂冕之初文,象人箸冕之形。"

強運開曰:"冕從冖、從刀,蓋象人冠冕之形,或即古文冕字也。"由冃加免在《說文》前。

田 冕

時代　商代後期
著録　《三代》13.49.4
　　　《集成》9190
收藏　日本京都藤井有鄰館

周免旁父丁尊

時代　西中
著録　《三代》11.29.5
　　　《集成》5922
收藏　日本小川睦之輔氏處

田兔觚

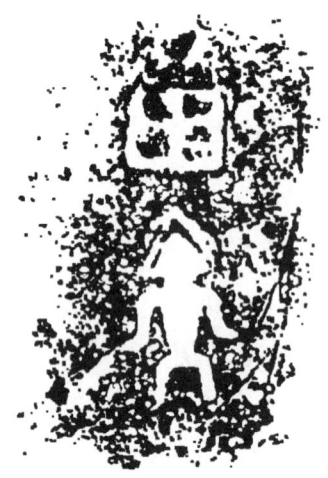

時代　商代後期
著錄　《集成》7012
收藏　北京故宮博物院

兔觚

時代　商代後期
著錄　《學報》1979年第1期第83頁
　　　《集成》7067
收藏　河南省考古所安陽工作站

爵

時代　商代後期
著錄　《學報》1979年第1期第83頁
　　　《集成》8154
收藏　河南省考古所安陽工作站

爵

時代　商代後期
著錄　《集成》8155
收藏　北京故宮博物院

田𠦪爵　　　　　　　　𠦪子爵

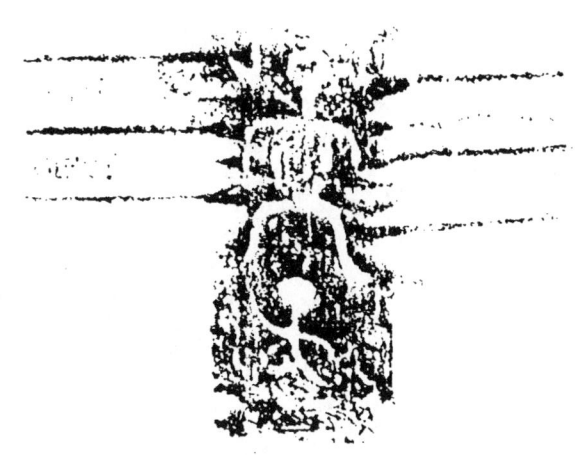

時代　商代後期　　　　　　　　時代　商代後期或西周早期
著録　《集成》8156　　　　　　著録　《三代》15.31.7
收藏　北京故宮博物院　　　　　　　　《集成》8119

本圖形三四版收錄。

李孝定曰："字象人首，戴胄之形，當爲胄之古文，金文胄字作 ，上象胄形，下從目，古每以目代首也，此上作 ，即象胄形，胄之形制不同，故所象有別，其下從大，爲原始圖畫文字之特徵。"

胄 《說文》："兜鍪也。从冃，由聲。"與冑（從肉，由聲）有別。

丁佛言曰："　……當是胄、古象鍪，如覆釜。中銳上出， 象蒙首形，今所謂兜鍪也。古兜鍪皆兼面具施之，故祇露目，古文完全象形。"

兜 《說文》："首鎧也。从㲋。从兒省，兒象人頭也。"古代戰士作戰時保護頭部的帽子，古代稱胄，漢代稱兜鍪，即今之頭盔。通鉴。

時代　商代後期
著録　《三代》5.1.7
　　　《集成》777

本圖形二版至四版起已收錄。字形諸家釋說不同，釋像魚尾，人肩、几形、底座與兵器之鐏，等等，至今均定爲丙、天二族複合族徽。

　　張日昇："按2035（本圖）上半字即2313（即362圖形）同文重錄。"釋丙。

　　丙 《說文》："位南方、萬物成炳然。陰氣初起，陽氣將虧。从一入冂。一者，陽也。丙承乙，象人肩。"

　　吳大澂曰："丙字象形爵，冂爲丙之古文，丙旁象火形，炳炳然也。"甲文作 ⿱ ⿱ ⿱ 等多種形，真實則成 ⿱ ⿱ ⿱。金文作 ⿱ ⿱ ⿱ ⿱ 等形同甲文。

　　李孝定曰："契文丙字左右豎劃皆平行，不詰曲，殊不類魚，亦不象肩形。"

天爵

時代　商代後期
著錄　《三代》15.32.2
　　　《續殷》下18.4
　　　《集成》8144

（夋）

本圖形二版起即錄。

李孝定曰："字上象倒止形，即篆之夊。下象無頭之人。金文圖形文字之作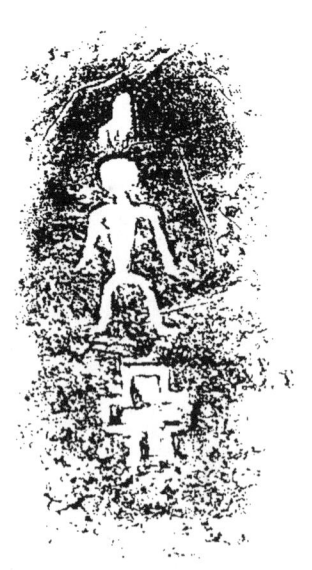者，均當釋大，似未見有作天解者。此上無頭，不當與著頭形之大混爲一談。下2039（前021圖形）所出一刑人之象意文字，所從人形均爲無頭，可證，字不可識。"

《集成》隸定夋，從夊、從兀，釋爲𡯀。

夊　獨體象物字，像倒寫的"止"字。《說文》："夊，行遲曳夊夊，象人兩脛有所躧也。"甲文作𠂆𠃌。

兀　林義光釋"兀蓋與元同字，首也。從人、一，記其首處，與天同意。"甲文作𠂆𠃌。

盂

時代　商代後期
著錄　《三代》14.1.1-2
　　　《集成》9305.1-2
收藏　台北《故宮博物院》

夋亞觚

時代　商代後期
著錄　《集成》6985
收藏　中國歷史博物館

本圖形，初版即收錄，釋爲竟。

柯昌濟曰："字从辛在子形上，疑即古竟字。"

李孝定曰："字從辛從大。從大、從人，古得能，與下出2056（055圖）諸形之从辛從人者是一字，當併收作竟。"

于省吾曰："古文字於人物之頂上，每加▽、▼、▽等形，即辛字，亦即辛字。辛字契文作▼。""古文字辛辛無別。在人則爲頭飾，在物則爲冠角類之象形。"

竟 《說文》："樂曲盡爲竟，从音，从人。"甲文作 、 ，字上從言，下從人，疑像人吹簫之形。金文竟字適像人頭上戴辛之形。竟本作境，亦作傹。

竟　鼎

時代　商代後期
著録　《三代》2.1.7
　　　《集成》1000

（奚）

本圖形初版收錄奚卣蓋、器二件，二至四版錄奚觚一件，本書補錄奚爵、奚斝與亞奚簋、亞奚卣、亞奚尊七件。

奚，由爪、幺、大會意。爪是手，幺（絲）是繩索，大是人。字像一手抓起另一人之髮，而命事之形。羅振玉釋"予意罪隸爲奚之本誼"。

奚《說文》："大腹也。从大𦃇省聲。𦃇，籀文系字。"甲文作 ，形意極爲逼真、生動。金文如圖形，近似。

奚是中國古老姓氏之一，起原于夏代，是黃帝後裔，出自任姓。其始祖爲黃帝二十五子之一的禹陽，受封於任地（今山東濟寧），故爲任姓。禹陽裔孫仲，食採于夏奚地（今河北承德一帶），史稱奚仲，官至車正（管理和製作車輿的官），奚仲後代即以奚爲姓氏。

奚　觚　　　　　　　　　　　亞奚簋

 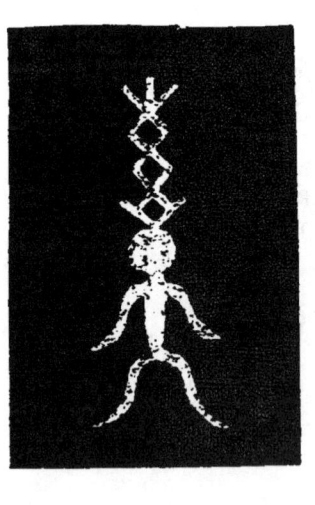 

時代　商代後期　　　　　　　時代　商代後期
著錄　《集成》6561　　　　　著錄　《三代》6.6.1
　　　　　　　　　　　　　　　　　《續殷》上34.12
　　　　　　　　　　　　　　　　　《集成》3093
　　　　　　　　　　　　　　收藏　北京故宮博物院

奚卣　　　　　　　　　　　　亞奚尊

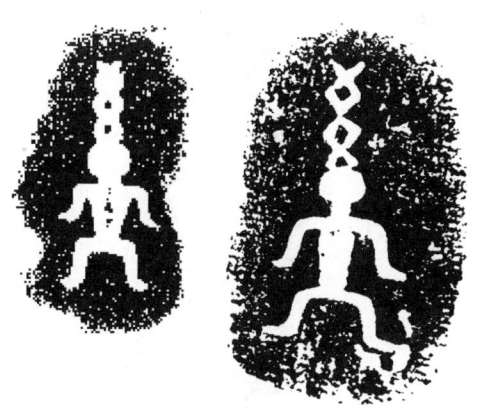

時代　商代後期
著録　《三代》12.35.3-4
　　　《續殷》上67.1-2
　　　《集成》4734.1-2

時代　商代後期
著録　《集成》5572

亞奚卣

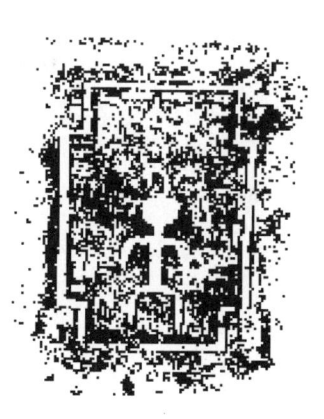
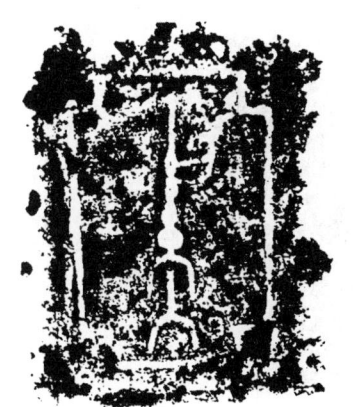

時代　商代後期
著録　《録遺》237.1-2
　　　《集成》4812.1-2

(奚)

奚爵

時代　商代後期
著録　《三代》15.2.3
　　　《集成》7335
收藏　北京故宮博物院

奚爵

時代　商代後期
著録　《集成》7334
收藏　上海博物館

奚斝

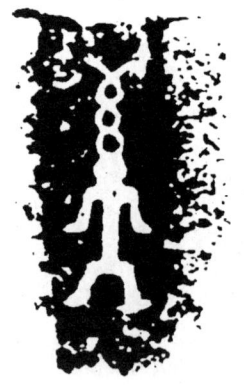

時代　商代後期
著録　《三代》13.47.4
　　　《集成》9113
收藏　遼寧旅順博物館

本圖形三四版收錄。

李孝定曰："字象人首上出了角之形，不審當於今之何字。"

周法高曰："如李說象人總角之形，則丱字也。"

丱《廣韻》："鬌角也。"舊時兒童束髮如兩角貌。《集成》釋耑，古端字，通喘（微言也）。《說文》：第265個部首（空部首），"耑，物初生之題（猶額也，端也）也。上象生形，下象其根也。"甲文作 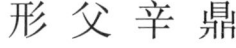，金文作 （上 像生長的形狀，下 像它的根，中一橫，地也）。

耑 也是古老的姓，原系姓所改，古端國（故城在今山西沁水東北），春秋時滅于晉，晉大夫食採于端。另說，孫子學生子貢，本姓端木，後省文稱端氏（江蘇溧水端氏出於此），耑、屯實一字（本圖形可能與端氏族有關係，待攷）。

父辛觚　　　　　　　　　形父辛鼎

時代　商代後期　　　　　　時代　商代後期
著錄　《錄遺》349　　　　　著錄　《集成》1634
　　　《集成》7141　　　　　收藏　中國歷史博物館
收藏　北京故宮博物院

寅卣   形觚

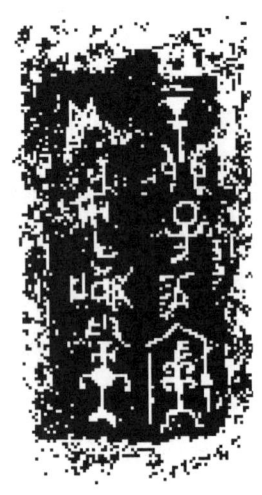   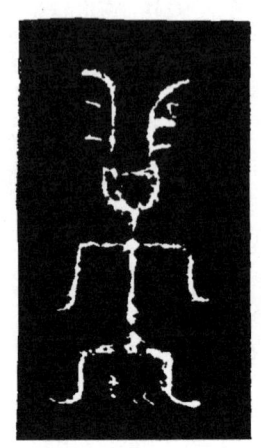

時代　商代後期
著錄　《錄遺》271.1-2
　　　《集成》5353.1-2

時代　商代後期
著錄　《集成》6556
收藏　北京故宮博物院

本圖形二版錄父丁鼎、父癸鼎、父乙鼎三件，四版增補父癸簋一件，本書再新補三件供參攷。

徐同柏曰："彐象雲回轉形，古文雲作云，亦作𠄎，此彐即𠄎之變。"（註：彐形漏摹爲彐。）

方濬益釋月形遟形曰："首一字似月形，次爲行之分文，說文部首，行人之步趨也，從彳，從亍分之，則中爲行道，故以足跡，象形見義。"

李孝定曰："……字不可識，眾說紛紜。彐象形，徐氏釋雲，方氏釋月形，《集成》釋耳（耳族），隸定（衒）。"

本圖形應是耳、衒二族複合族徽。

耳衒父乙鼎　　　　　　　　耳衒父乙鼎

時代　商代後期　　　　　　時代　商代後期
著錄　《三代》2.47.1　　　著錄　《三代》2.47.3
　　　《集成》1834　　　　　　　《集成》1835
收藏　美國舊金山亞洲美術博物館

(衡)

衡天父癸簋

時代　商代後期
著録　《三代》6.22.1
　　　《續殷》上39.7
　　　《集成》3340

耳衡父丁鼎

時代　商代後期
著録　《三代》2.38.8
　　　《續殷》上19.2
　　　《集成》1853

耳癸父丁鼎

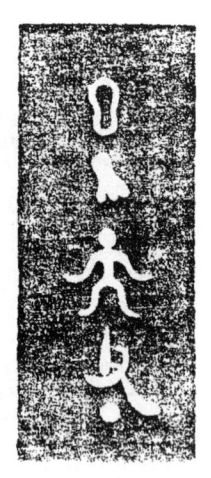

時代　西周早期
著録　《集成》1854

臼作衡觶

時代　商代後期
著録　《三代》14.49.12
　　　《集成》6360

夕衡天父庚爵

時代　商代後期
著録　《集成》9074
收藏　北京故宫博物院

本圖形二至四版僅錄此一件，與040圖形類似。

柯昌濟曰："字不可識。""第三字從爪，從子形，疑古孚字。""此字從爪俘虜子形，當爲本誼。"

按：形，爲耳字異構，耳族。下字可隸爲行、孚二字，或衙。

孚 《說文》："卵孚也。从爪、从子，一曰信也。"王國維謂"孚即俘之本字"。

俘 《說文》："軍所獲也，从人，孚聲。"《春秋傳》曰："以爲俘聝。"甲文作 ，俘字，甲文作 ，李孝定曰："象以手逮人之形。增彳，示於道中逮人。""仰手曰掌，覆手曰爪。"古俘字，作 從戈、從爪。

以形析解，隸爲衙，釋爲聛字（古俘字之異文）。

長行癸父乙鼎

時代　商代後期
著錄　《三代》2.47.2
　　　《續殷》上18.12
　　　《集成》2002

本圖形二版至四版均收錄𢪇爵一件，《集成》隸定妭釋扶。

方濬益釋子孫曰："此文習見積古齋款識，册册父乙鼎銘，阮文達公釋子孫謂子坐孫立，援物狀也。"

李孝定曰："此字象一人立，一人側立以手扶之，與甲骨文㭔字構字之意略同，疑即扶字。古文偏旁從丮、從手例得相通也，方氏謂ㄣ爲坐形，實誤。"

扶 《說文》："左也，从手、夫聲。"㧏古文扶。今商承祚考："象手持半竹，老人扶筇意也。"

坐 《說文》："止也。从土，從留省。土所止也，此與留同意。"坐古文坐。甲文作𡎐 𡎐，自甲骨文至說文古文，皆像二人對坐（拜）土（社）上，"左且右社"，"右社稷，左宗廟"，以顯社與宗廟並重，敬拜意。

𢪇 爵

時代　商代後期
著錄　《三代》15.2.2
　　　《集成》7405

扶冊作從彝觚

時代　商代後期或西周早期
著録　《集成》7274

冊父乙方鼎

時代　商代後期
著録　《三代》2.47.5
　　　《集成》1821

本圖形二版至四版已收錄。

李孝定曰："字不可識，亦莫評其意。"

周法高曰："象人總角之形。"

形父己簋　　　　　　　　　爵

時代　商代後期
著錄　《三代》6.15.3
　　　《續殷》上18.11
　　　《集成》3195

時代　西周早期期
著錄　《三代》15.31.5
　　　《集成》8149

（俴）

　　本圖形，二至四版收此件（蓋、器），《集成》隸定舤（從舟從大〔人也〕）。

　　高鴻縉曰："疑本乘舟之乘之專字。"

　　李孝定曰："高氏謂字象乘舟之形，甚是。然謂即乘舟之乘之專字，則有可商。契文有𢍱，即乘字，未聞乘舟、乘車、乘馬別有專字也。""說文服之古文作𦨕，從大、從人得通，象人服舟之形，即服之古文。""契文有𢓜𢓝，並疑一字。"

　　按：李氏（孝定）提及甲文𢓜𢓝二字，乃抗字。

　　抗　《說文》："方舟也，从方，亢聲。"从⼯（舟）像人持橈駕舟之形，𢓜或作𢓝𢓞同。當爲抗之本字，抗、航、杭古通用，杭即渡也。

　　舟　《說文》："船也。古者共鼓、貨狄、刳木爲舟，剡木爲楫，以濟不通，象形。"舟、古姓氏、炎帝時有舟國。周時楚國有舟地，齊國有舟道，皆爲地名，或以因氏，本圖形應爲天、舟二族的複合族徽。

作父乙卣

時代　商代後期
著錄　《三代》13.14.1-2
　　　《集成》5205
收藏　台北"故宮博物院"

本圖形初版未錄，二至四版錄之（與567同器）。

李孝定曰："此疑交字。""古文交、矢形近易混，似仍以許訓交脛爲長。"

交 《說文》："交脛也。从大，象交形。"此交字，亦即校之本字，校又通效。甲文作，像人垂手交脛而立之形。金文作𠀤，與甲文略同。

交，是中國上古姓氏之一，周時已有此姓。春秋時楚國有交子，後裔以交爲姓，吳大澂輯《續百家印譜》內收有交姓印鑒。

作且己觚　　　　　　　交鼎鼎

時代　西周早期
著錄　《三代》14.31.7
　　　《續殷》下46.11
　　　《集成》7289
收藏　上海博物館
註：　與567號同器

時代　商代後期
著錄　《集成》1481

叜
(交)

交觚　　　　　　　　　　　　　交鼎

時代　商代後期　　　　　　　時代　西周早期
著録　《集成》6924　　　　　著録　《三代》3.23.6
收藏　北京師範大學歷史系　　　　　《集成》2459

叜戈

時代　商代後期
著録　《三代》19.6.4
　　　《續殷》下81.3
　　　《集成》10637

交卣　　　　　　　戈

時代　西周早期
著録　《集成》5321
收藏　江蘇鎮江市博物館

時代　商代後期
著録　《集成》10638
收藏　中國歷史博物館

本圖形二版至四版即錄该件器與蓋。

李孝定曰"字不可識"，少見專論。

《集成》隸𠷎，釋嗇。

嗇《說文》第195個部首："愛濇也。从來、从㐭。來者、㐭而藏之，故田夫謂之嗇夫。🖼古文嗇从田，嗇、穡古通。""種曰皮，收曰穡。"古亦作牆，從爿、從土、從田🖼。甲文作🖼 🖼 🖼，金文作🖼 🖼 🖼者。

㐭《說文》第194個部首："穀所振入。宗廟粢盛，倉黃、㐭而取之，故謂之㐭。从入，回像屋形，中有戶牖。廩㐭或从广、从禾。"甲文作🖼 🖼，像露天的穀堆之形。

<h3 style="text-align:center">冊 父 癸 卣</h3>

時代　商代後期
著錄　《三代》13.12.1-2
　　　《續殷》上75.9-10
　　　《集成》5173.1-2

本圖形初版起即收錄此件。

李孝定曰："此字上半從火，從向，疑即許書訓'侵火也'之燅，字當從大，燅聲，許書邑部有鄵字，或即猒氏之邑也。"

㐭 《說文》："穀所振入。宗廟粢盛，倉黃、㐭而取之，故謂之㐭。从入，回象屋形，中有戶牖。廩，㐭或从广、从禾。"甲文作 ⌂ 㐭 㐭，獨體象物字，像穀倉形，本義是倉。

燅 《說文》："侵火也。从炎、㐭聲，讀若桑葚之葚。"

鄵 《說文》："地名，从邑、燅聲，讀若淫（或作湛）。㐭象編竹（或草）為箄之形，有戶可啟，个象其頂，說文作亼。""方曰倉，圓曰㐭，上象其蓋。"蓋即廩之象形，字或作㮺作㯱，從禾、從米，以會貯藏穀米之廩意。穀入倉（管理者稱倉人），米入廩（管理者稱廩人）。廩也作㮺（㐭），即本圖形 。

大父乙觶

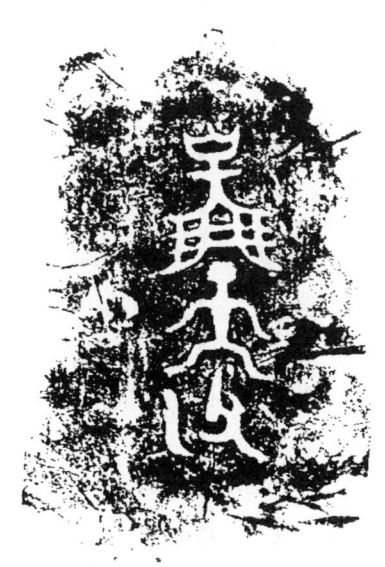

時代　西周早期
著錄　《三代》14.50.9
　　　《集成》6374

商末周初，青銅器銘文中常見有♈形的圖徽，下面爲一大人，雙手舉一小人，上面做牀幾之形，除此還有多種异構和簡化及外邊飾以"亞"框者。這種圖徽，據專家統計，到二十世紀末已達到266件之多，視爲同一意義不明的古文字，釋爲"折子孫"。

十九世紀三十年代起，衆多學者開始對它們進行考證研究，各有說法或釋"異"、釋"冀"、釋"子"、釋"舉"。

本圖形在《金文編附錄上》1925年版（上海貽安堂印行）收錄十四形，1939年二版（長沙商務印書館印行）收錄四十九形，1959年三版（北京科學出版社印行）收錄五十一形。初版至三版沒有編序號，1985年四版（北京·中華書局印行）新增補五十四件，合計一百六十八件。開始編爲610個序號。

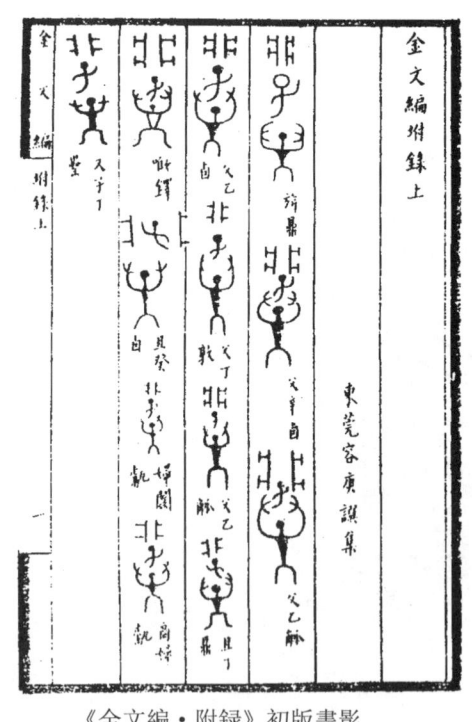

《全文編·附錄》初版書影

冀父乙簋

時代　商代後期
著錄　《三代》6.12.7-8
　　　《集成》3145.1-2
收藏　上海博物館

冀父乙簋

時代　商代後期
著録　《三代》2.20.5（誤作鼎）
　　　《集成》3148
收藏　北京故宮博物院

冀作父乙卣

時代　商代後期
著録　《三代》13.10.3-4
　　　《集成》5148.1-2
收藏　日本京都小川睦之輔氏處

冀卣

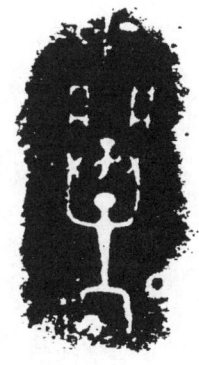

時代　商代後期
著録　《三代》12.40.7-8
　　　《集成》4759.1-2

冀父乙觚

時代　商代後期
著録　《三代》14.24.10-11
　　　《集成》7092.1-2
收藏　遼寧省博物館

文父丁冀觥

时代　商代后期
著录　《三代》11.14.5-6（误作尊）
　　　《集成》9284.1-2
收藏　美国普林斯顿大学美术博物馆

冀父辛卣

 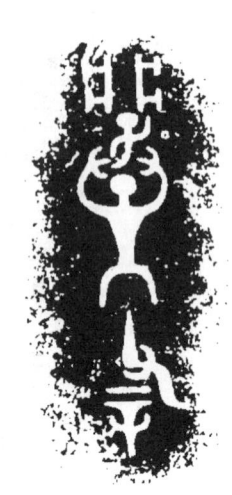

时代　商代后期
著录　《三代》12.55.7
　　　《集成》4980
收藏　北京故宫博物院

歲婦方鼎

时代　商代后期或西周早期
著录　《三代》3.7.3
　　　《集成》4.2140
收藏　美国普林斯顿大学美术博物馆

冀姗簋

时代　商代后期
著录　《录遗》120
　　　《集成》3114
收藏　台北"历史语言研究所"

向卣

時代　西周早期
著錄　《三代》13.20.7-8
　　　《集成》5250.1-2
收藏　香港大學

向簋

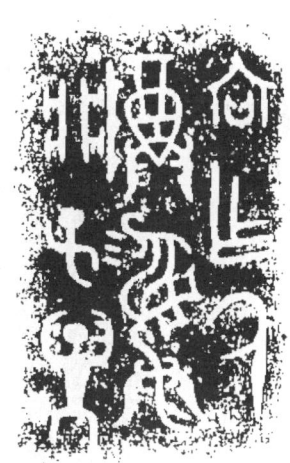

時代　西周早期
著錄　《三代》6.37.5-6（卣）
　　　《集成》3572

冀父乙簋

時代　商代後期
著錄　《三代》7.3.2（誤作尊）
　　　《集成》3147

父丁冀尊

時代　商代後期
著錄　《三代》11.8.7
　　　《集成》5629
收藏　台北"故宮博物院"

父丁骿器

時代　商代後期
著録　《三代》6.14.7(誤作簋)
　　　《集成》10520
收藏　北京故宮博物院

骿父丁鼎

時代　商代後期
著録　《三代》2.23.4
　　　《集成》1572

骿父乙卣

時代　商代後期
著録　《三代》12.52.6-7
　　　《集成》4960.1-2
收藏　台北"故宮博物院"

父辛骿觶

時代　商代後期
著録　《三代》14.46.2
　　　《集成》6300
收藏　上海博物館

小子𪓐簋  婦闌甗

時代　商代後期
著録　《三代》7.47.2
　　　《集成》3904

時代　商代後期
著録　《三代》5.8.6
　　　《集成》922
收藏　日本大阪江口治郎氏處

商婦甗　　　糞父乙角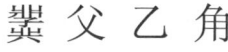

    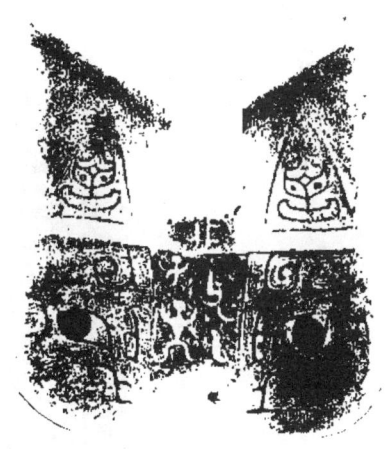

時代　商代後期
著録　《三代》5.6.2
　　　《集成》867

時代　商代後期
著録　《三代》16.43.4
　　　《集成》8379

冀噭鐃

時代　商代後期
著録　《三代》18.9.3-4
　　　《集成》394.1-2
收藏　天津市藝術博物館

子亥作母辛尊

時代　西周早期
著録　《文物》1972年第12期第8頁
　　　《集成》5910

冀逋簋

時代　商代後期
著録　《三代》6.10.7
　　　《集成》3113

旂鼎

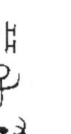

時代　西周早期
著録　《三代》4.31
　　　《集成》2670

冀母辛簋

時代　商代後期
著録　《三代》11.12.4
　　　《集成》3224

小子射鼎

時代　商代後期
著録　《集成》2648.1-2

小子𠳮卣

時代　商代後期
著録　《三代》13.42.2-3
　　　《集成》5417.1-2
收藏　日本神戶白鶴美術館

能匋尊

時代　西周早期
著録　《三代》11.33.1
　　　《集成》5984
收藏　北京故宮博物院

夫作祖丁

時代　西周早期
著録　《三代》5.8.4
　　　《集成》916
收藏　台北"故宮博物院"

商尊

時代　西周早期
著録　《三代補》959
　　　《集成》5997
收藏　陝西周原扶風縣文管所

冀祖癸卣

器

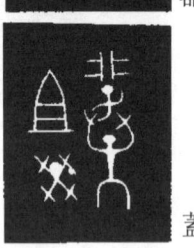

蓋

時代　商代後期
著録　《集成》4900.1-2

父丁冀觚

時代　商代後期
著録　《續殷》下57

冀觶

時代　商代後期
著録　《三代》14.49.3
　　　《集成》6023

冀罍

時代　商代後期
著録　《三代》13.52.2
　　　《集成》9175
收藏　台北"故宮博物院"

冀父辛觚

時代　商代後期
著録　《三代》14.29.6
　　　《集成》7140

作父丁冀觚

時代　西周早期
著録　《三代》14.293
　　　《集成》7235
收藏　台北"故宮博物院"

彔父乙角

時代　商代後期
著録　《三代》16.43.5
　　　《集成》8380

彔父丁鼎

時代　西周早期
著録　《三代》5.13.11
　　　《集成》479

彔父辛觶

時代　商代後期
著録　《集成》6301

彔父癸爵

時代　商代後期
著録　《三代》16.24.1
　　　《集成》8674

彔觶

時代　商代後期
著錄　《三代》14.32.5
　　　《集成》6022
收藏　上海博物館

彔矛

 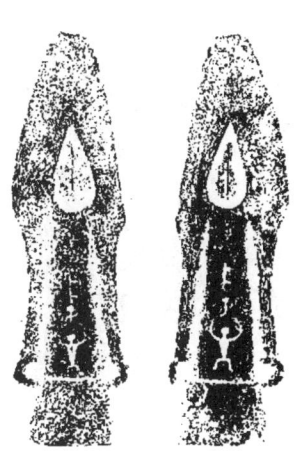

時代　商代後期
著錄　《三代》20.31.3-4
　　　《集成》11413.1-2

彔爵

時代　商代後期或西周早期
著錄　《三代》15.2.9
　　　《集成》7419
收藏　北京故宮博物院

復作父乙尊

時代　西周早期
著錄　《集成》5978
收藏　首都博物館

奚鐃

时代　商代后期
著录　《三代》18.6.6-7
　　　《集成》377-378.1-2

奚父庚觚

时代　商代后期
著录　《三代》14.26.9
　　　《集成》7137
收藏　北京故宫博物院

奚父癸爵

时代　西周早期
著录　《三代》16.23.8
　　　《集成》8676

奚尊

 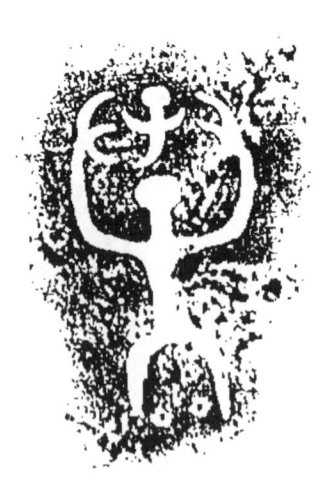

时代　商代后期
著录　《三代补》644
　　　《集成》5446
收藏　日本东京根津美术馆

奊匕己爵

時代　西周早期
著錄　《三代》16.24.10
　　　《集成》8739
收藏　日本兵庫縣黑川古文化研究所

奊每爵

時代　商代後期
著錄　《三代》16.25.9
　　　《集成》8134
收藏　北京故宮博物院

齊婦鬲

時代　商代後期
著錄　《三代》5.14.5
　　　《集成》486
收藏　上海博物館

奊鉞

時代　商代後期
著錄　《三代》19.7.4-5
　　　《集成》11720.1-2

奚父癸尊

時代　西周早期
著録　《陝青》1.19
　　　《集成》5665
收藏　陝西省博物館

龏母鬲

時代　商代後期
著録　《三代》5.13.8
　　　《集成》461
收藏　台北"故宮博物院"

奚父乙鬲

時代　西周早期
著録　《集成》474
收藏　中國歷史博物館

奚婦甗

時代　商代後期
著録　《彙編》8.1163
　　　《集成》795
收藏　香港趙不波氏處

冀叔甗

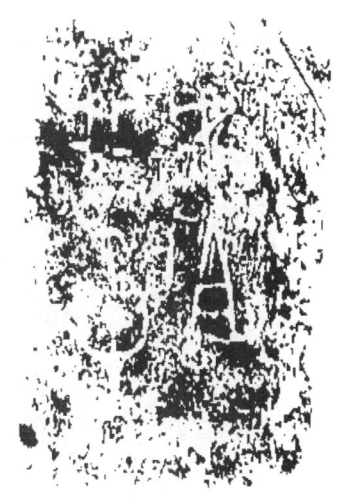

時代　商代後期
著録　《文物》1982年第9期第41頁
　　　《集成》796
收藏　北京市文物工作隊

冀父癸甗

時代　西周早期
著録　《三代》5.3.5
　　　《集成》822

冀鼎

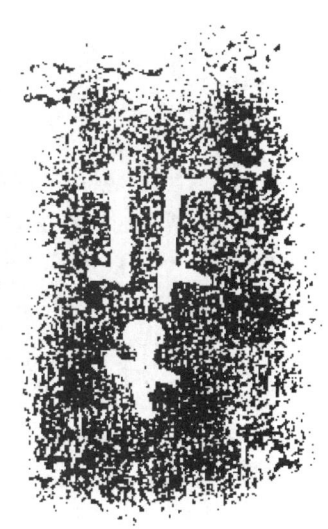

時代　西周早期
著録　學報1980年第4期第468頁
收藏　陝西考古所西安研究室

冀叔鼎

時代　商代後期或西周早期
著録　《文物》1982年第9期第39頁
　　　《集成》1380

徼鼎

時代　商代後期
著録　《三代》2.13.4
　　　《集成》1490

爨夅鼎

時代　西周早期
著録　《三代》2.13.3
　　　《集成》1491

奭匕（妣）癸方鼎

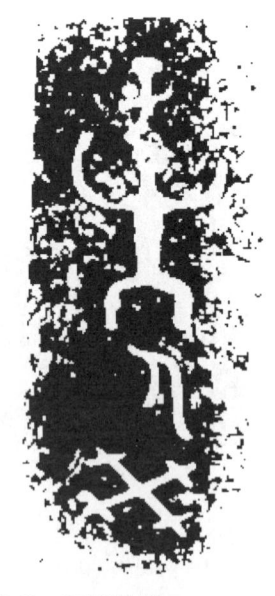

時代　西周早期
著録　《集成》1516
收藏　日本東京出光美術館

爨父甲鼎

時代　商代後期
著録　《三代》2.18.5
　　　《集成》1521
收藏　日本東京湯島孔廟斯文會
註：　父甲倒稱爲甲父

冀父乙方鼎

時代　商代後期
著錄　《集成》1523

冀父乙方鼎

時代　商代後期
著錄　《三代》2.20.6
　　　《集成》1524
收藏　北京故宮博物院

冀父乙鼎

時代　商代後期
著錄　《三代》2.20.4
　　　《集成》1525

冀父乙鼎

時代　商代後期
著錄　《三代》2.20.3
　　　《集成》1526
收藏　台北"故宮博物院"

冀父乙鼎

時代　商代後期
著録　《集成》1527
收藏　北京故宮博物院

冀父丁鼎

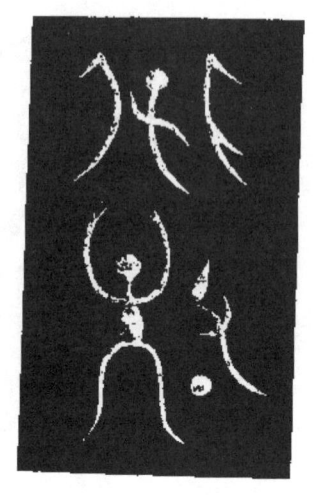

時代　商代後期或西周早期
著録　《集成》1570

冀父丁鼎

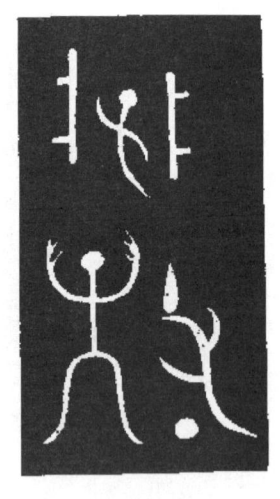

時代　商代後期或西周早期
著録　《集成》1571

冀父丁方鼎

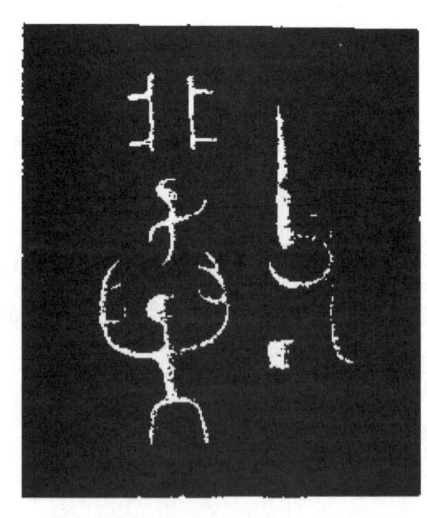

時代　商代後期
著録　《總集》0386
　　　《集成》1573
收藏　台北"故宮博物院"

冀父己鼎

時代　商代後期或西周早期
著録　《三代》2.25.5
　　　《集成》1603

學父己鼎

時代　商代後期
著録　《集成》1604
收藏　美國紐約薩克勒氏處

奊父癸方鼎

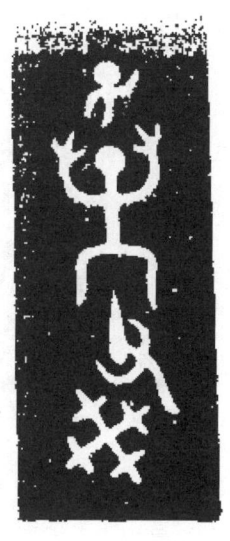

時代　商代後期
著録　《集成》1670

冀兄戊父癸鼎

時代　商代後期
著録　《三代》2.40.7
　　　《集成》2019

冀母旬父癸鼎

時代　商代後期
著録　《三代》2.48.7
　　　《集成》2020

且辛禹方鼎

時代　商代後期
著録　《文物》1964年第4期第46頁
　　　《集成》2111-2112
收藏　山東省博物館

韋作父丁鼎

時代　西周早期
著録　《三代》3.2.1
　　　《集成》2120
收藏　北京故宮博物院

向方鼎

時代　西周早期
著録　《集成》2180
收藏　北京故宮博物院

作父障龏癸鼎

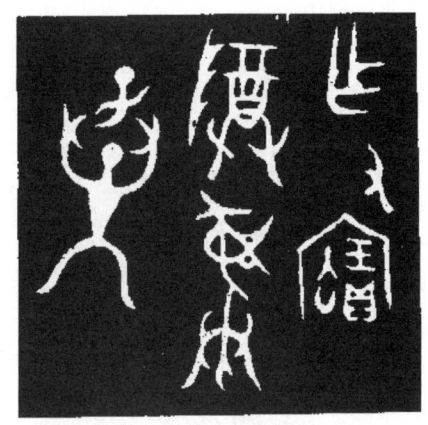

時代　西周早期
著錄　《三代》3.10.6
　　　《集成》2181

珥作父癸鼎

時代　西周早期
著錄　《三代》3.15.3
　　　《集成》2324
收藏　英國倫敦阿倫及巴洛氏處

易貝作母辛鼎

時代　西周早期
著錄　《三代》3.9.1
　　　《集成》2327

無敄鼎

時代　商代後期
著錄　《三代》3.21.4
　　　《集成》2432
收藏　上海博物館

復　鼎

時代　西周早期
著錄　《考古》1974年第5期第314頁
　　　《集成》2507
收藏　首都博物館

小臣缶方鼎

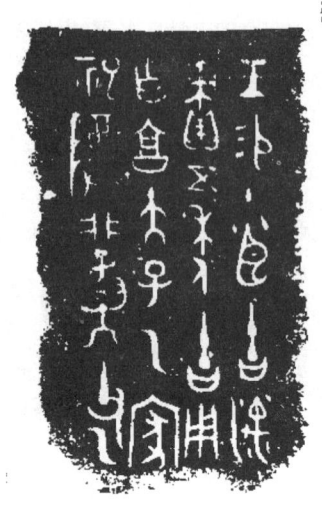

時代　商代後期
著錄　《三代》3.53.2
　　　《集成》2653
收藏　北京故宮博物院

員　方　鼎

時代　西周中期
著錄　《三代》4.5.4
　　　《集成》2695
收藏　上海博物館

燹　簋

時代　商代後期
著錄　《彙編》8.1142
　　　《集成》2941
收藏　日本大阪廣海二三郎氏處

奊簋

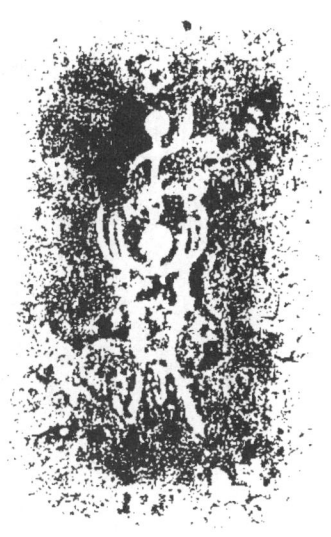

時代　商代後期
著録　《集成》2942
收藏　北京故宮博物院

冀簋

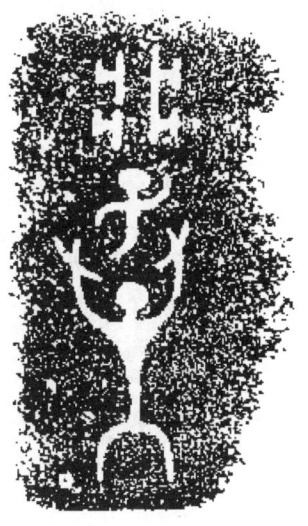

時代　西周早期
著録　《集成》2943

冀叔簋

時代　商代後期
著録　《文物》1982年第9期第39頁
　　　《集成》3112
收藏　北京市文物研究所

冀父丁簋

時代　商代後期
著録　《三代》6.14.5
　　　《集成》3169
收藏　北京故宮博物院

冀父丁簋

時代　商代後期
著録　《三代》6.14.6
　　　《集成》3170

冀母乙簋

時代　西周早期
著録　《集成》3220
收藏　上海博物館

冀父辛簋

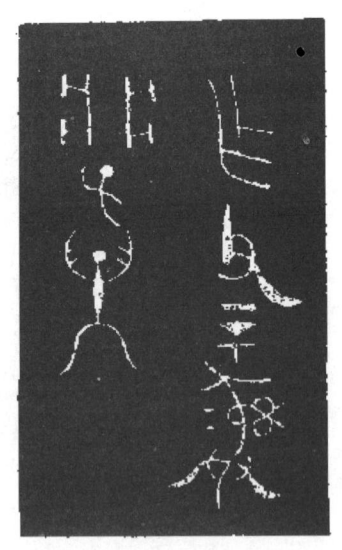

時代　西周早期
著録　《集成》3434

軉作文父日丁簋

時代　西周早期
著録　《西清》13.16
　　　《集成》3606

𣪊作且癸簋

時代　西周早期
著録　《三代》6.40.4
　　　《集成》3645
收藏　北京故宮博物院

小子𥃝簋

時代　商代後期
著録　《三代》8.33.2
　　　《集成》4138
收藏　德國某氏處

冀叔豆

時代　商代後期
著録　《文物》1982年第9期第39頁
　　　《集成》4652
收藏　北京市文物工作隊

冀婦卣

時代　商代後期
著録　《三代》12.45.7-8
　　　《集成》4844.1-2

冀微卣　　　　　　　　　叡冀卣

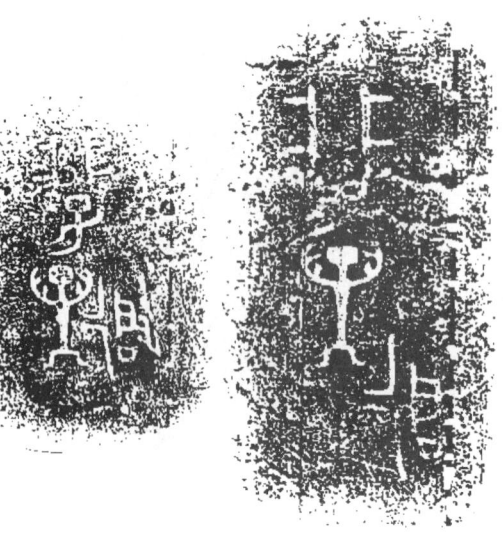

時代　商代後期
著録　《集成》4876.1-2
收藏　上海博物館

時代　商代後期
著録　《文物》1982年第9期第41頁
　　　《集成》4877.1-2
收藏　北京市文物研究所

冀微卣　　　　　　　　　叡冀卣

時代　商代後期
著録　《集成》4876
收藏　上海博物館

時代　商代後期
著録　《文物》1982年第9期第41頁
　　　《集成》4879
收藏　北京市文物研究所

冀父乙卣

時代　商代後期
著錄　《三代》12.49.8
　　　《集成》4926
收藏　台北"故宮博物院"

冀父丁卣

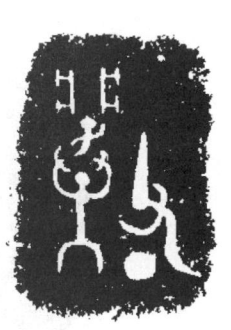

時代　商代後期
著錄　《三代》12.50.7-8
　　　《集成》4938.1-2

冀父乙卣

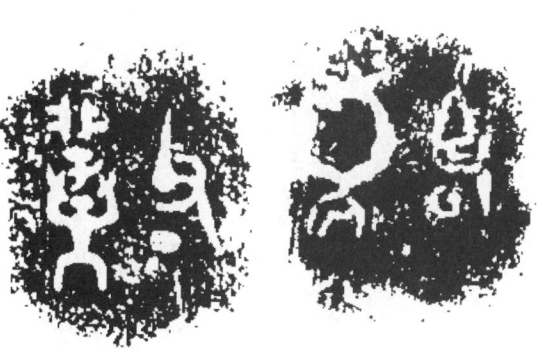

時代　商代後期
著錄　《三代》14.4.3-4
　　　《集成》4939.1-2

冀父己卣

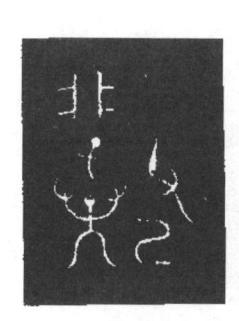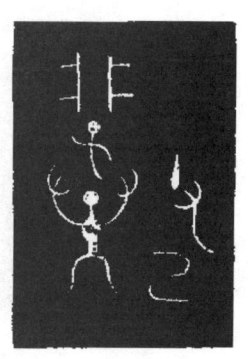

時代　商代後期
著錄　《集成》4961.1-2

冀父庚卣

時代　商代後期
著錄　《三代》14.5.3
　　　《集成》4967
收藏　台北"故宮博物院"

冀父癸卣

時代　商代後期
著錄　《集成》4998
收藏　北京故宮博物院

冀母己卣

時代　商代後期
著錄　《三代》12.56.4-5
　　　《集成》5000

冀🅧卣

時代　商代後期
著錄　《集成》5011.1-2
收藏　山東省博物館

冀父己母癸卣蓋

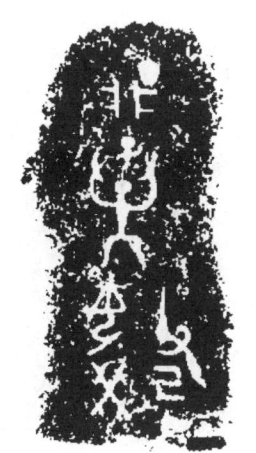

時代　商代後期
著錄　《三代》13.10.8
　　　《總集》5297
　　　《集成》5163

冀叔辛卣

時代　商代後期
著錄　《三代》13.11.3（蓋）
　　　《集成》5167.1-2
收藏　中國歷史博物館

冀作文辛卣

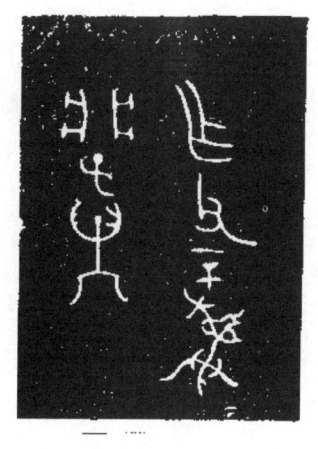

時代　商代後期
著錄　《集成》5171

冀父癸母龹卣

時代　商代後期
著錄　《三代》13.11.7-8
　　　《集成》5172.1-2
收藏　美國華盛頓弗里爾美術館

冀且辛卣

時代　商代後期
著録　《文物》1964年第4期第47頁
　　　《集成》5201.1-2
收藏　山東省博物館

冀父己卣

時代　商代後期
著録　《三代》13.25.2-3
　　　《集成》5281.1-2

婦闖卣

時代　商代後期
著録　《三代》13.33.1-2
　　　《集成》5349.1-2
收藏　日本東京書道博物館

婦闖卣

時代　商代後期
著録　《三代》13.32.6-7
　　　《集成》5350.1-2

小臣兒卣

時代　商代後期
著錄　《三代》13.33.5
　　　《集成》5351

冣豐作父癸卣

時代　商代後期
著錄　《三代》13.32.4-5
　　　《集成》5360.1-2

戁卣

時代　商代後期
著錄　《集成》5362.1-2

小子省卣

時代　商代後期
著錄　《三代》13.38.3-4
　　　《集成》5394.1-2
收藏　上海博物館

商卣

時代　西周早期
著錄　《陝青》2.4
　　　《集成》5404.1-2
收藏　陝西周原扶風縣交管所

冓尊

時代　商代後期
著錄　《集成》5447
收藏　日本奈良寧樂美術館

冓祖癸尊

時代　商代後期或西周早期
著錄　《集成》5610
收藏　北京故宮博物院

父乙冓尊

時代　商代後期或西周早期
著錄　《集成》5618

冀母己尊

時代　商代後期或西周早期
著錄　《集成》5679

文父丁冀尊

時代　西周早期
著錄　《三代》11.14.5
　　　《集成》5733-34

亞冀父辛尊

時代　西周早期
著錄　《三代》11.10.6
　　　《集成》5746
收藏　台北"故宮博物院"

作𠭯父丁尊

時代　西周早期
著錄　《三代》11.25.4
　　　《集成》5876
收藏　北京故宮博物院

慜父丁尊

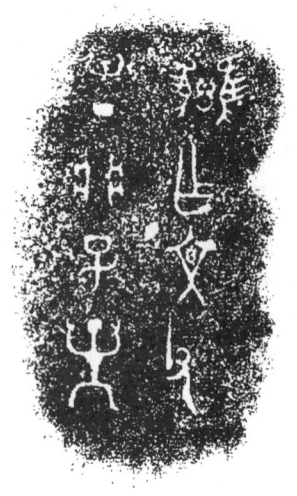

時代　西周早期
著録　《三代》11.25.5
　　　《集成》5877

子作父辛尊

時代　商代後期
著録　《三代》11.31.5
　　　《集成》5965

𭥍觶

時代　商代後期
著録　《三代》14.35.9
　　　《集成》11.6024
收藏　台北"故宮博物院"

叔𭥍觶

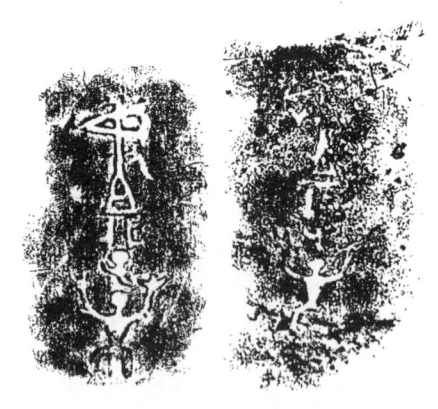

時代　商代後期
著録　《文物》1982年第9期第40頁
　　　《集成》6187.1-2
收藏　北京市文物工作隊

冀父乙觶

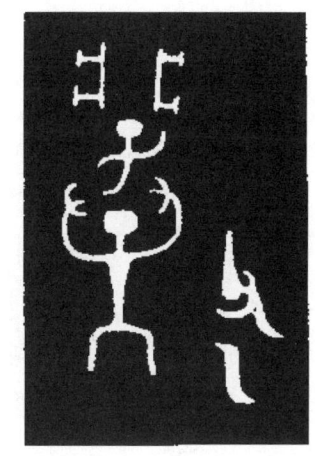

時代　商代後期或西周早期
著録　《集成》6218

冀父乙觶

時代　西周早期
著録　《集成》6219

冀父乙觶

時代　西周中期
著録　《三代》14.42.6
　　　《集成》6220

冀父丁觶

時代　商代後期
著録　《三代》11.8.8
　　　《集成》6255
收藏　美國舊金山亞洲美術博物館

冀父癸觶

時代　商代後期
著錄　《三代》14.48.5
　　　《集成》6326

冀父癸觶

時代　商代後期
著錄　《三代》14.48.6
　　　《集成》6327

冀母辛觶

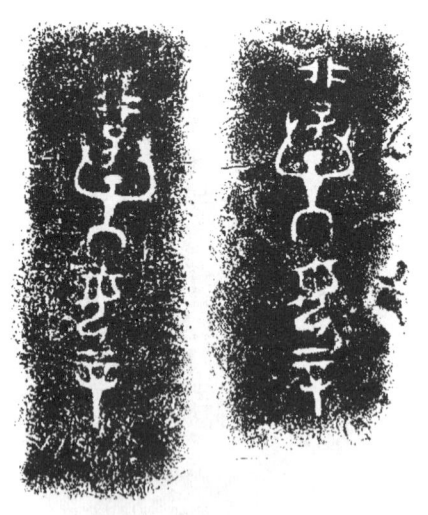

時代　商代後期
著錄　《三代》14.48.9-10
　　　《集成》6345.1-2
收藏　北京故宮博物院

冀作祖辛觶

時代　商代後期或西周早期
著錄　《三代》14.54.6
　　　《集成》6481

奚觚

時代　商代後期
著録　《集成》6538
收藏　首都博物館

冀戲觚

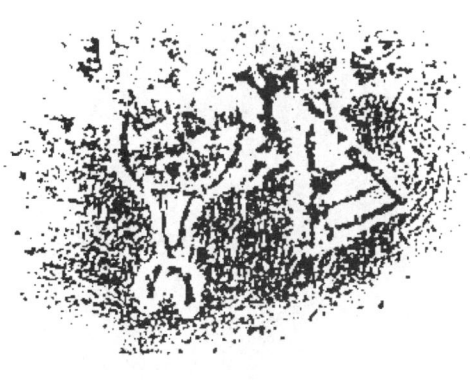

時代　商代後期
著録　《文物》1982年第9期第40頁
　　　《集成》6918
收藏　北京市文物研究所

冀戲觚

時代　商代後期
著録　《集成》6919
收藏　北京市文物研究所

冀父乙觚

時代　商代後期
著録　《集成》7094

冀父丁觚

時代　商代後期
著録　《三代》14.25.10
　　　《集成》7109
收藏　上海博物館

冀父戊觚

時代　商代後期
著録　《三代》12.25.12
　　　《集成》7121

冀亞次觚

時代　商代後期
著録　《三代》14.23.9
　　　《集成》7180

奊爵

時代　商代後期或西周早期
著録　《三代》15.2.8
　　　《集成》7418
收藏　北京故宮博物院

冀角

時代　商代後期或西周早期
著錄　《三代》15.2.10
　　　《集成》7420
收藏　中國歷史博物館

冀己爵

時代　西周早期
著錄　《集成》8042

冀婦爵

時代　商代後期或西周早期
著錄　《三代》15.38.10
　　　《集成》8135
收藏　上海博物館

冀叔爵

時代　商代後期
著錄　《文物》1982年第9期第39頁
　　　《集成》8167
收藏　北京市文物研究所

冀叔爵

時代　商代後期
著錄　《文物》1982年第9期第39頁
　　　《集成》8168
收藏　北京市文物研究所

冀叔爵

時代　商代後期
著錄　《集成》8169
收藏　北京市文物研究所

冀且己角

時代　商代後期
著錄　《三代》16.43.1
　　　《集成》8337

冀父乙角

時代　商代後期
著錄　《集成》8381
收藏　法國巴黎某氏處

冀且乙角

時代　西周早期
著錄　《集成》8382
收藏　北京故宮博物院

冀父戊角

時代　商代後期或西周早期
著錄　《三代》16.44.6
　　　《集成》8517
收藏　上海博物館

冀父乙爵

時代　商代後期
著錄　《三代》16.13.1
　　　《集成》8539

冀父己爵

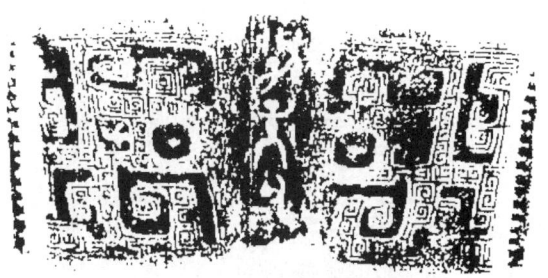

時代　商代後期
著錄　《三代》16.13.2
　　　《集成》8540
收藏　美國堪薩斯納爾遜美術館

奊父庚爵

時代　商代後期
著録　《集成》8587

冀父辛爵

時代　商代後期或西周早期
著録　《集成》8607
收藏　北京故宮博物院

冀父辛角

時代　商代後期
著録　《録遺》478
　　　《集成》8608
收藏　上海博物館

冀父癸爵

時代　商代後期
著録　《三代》16.23.9
　　　《集成》8673
收藏　北京故宮博物院

冀父癸爵

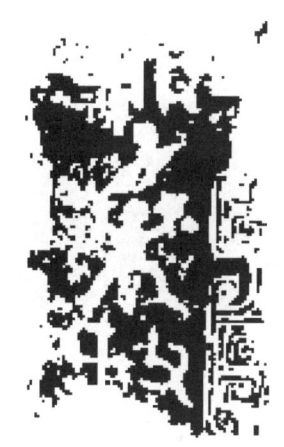

時代　商代後期
著録　《三代》16.24.2
　　　《集成》8675
收藏　日本京都泉屋博古館

冀亞☒爵

時代　商代後期
著録　《文物》1964年第4期第42頁
　　　《集成》8771
收藏　山東省博物館

冀亞☒爵

時代　商代後期
著録　《文物》1964年第4期第42頁
　　　《集成》8772
收藏　山東省博物館

冀亞☒爵

時代　商代後期
著録　《文物》1964年第4期第42頁
　　　《集成》8773
收藏　山東省博物館

冀亞爵

時代　商代後期
著錄　《文物》1964年第4期第42頁
　　　《集成》8774
收藏　山東省博物館

奚辛爵

時代　商代後期
著錄　《集成》8799
收藏　北京故宮博物院

冀逐母癸爵

時代　商代後期或西周早期
著錄　《三代》131.8
　　　《集成》8977
收藏　上海博物館

黽婦爵

時代　商代後期或西周早期
著錄　《三代》16.36.6
　　　《集成》9029.9030

婦闖爵

時代　商代後期
著錄　《三代》18.21.1-2
　　　《集成》9092
收藏　美國華盛頓弗里爾美術館

婦闖爵

時代　商代後期
著錄　《集成》9093.1-2
收藏　日本東京出光美術館

冀叡斝

時代　商代後期
著錄　《文物》1982年第9期第40頁
　　　《集成》9176
收藏　北京市文物研究所

冀父癸斝

時代　商代後期
著録　《三代》13.51.6
　　　《集成》9219

婦闌日癸斝

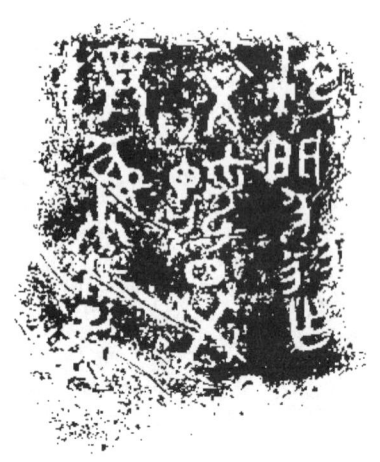

時代　商代後期
著録　《三代》13.53.5
　　　《集成》9246

婦闌日癸斝

時代　商代後期
著録　《集成》9247

冀父乙觥

時代　商代後期
著録　《集成》9269

冀父乙觥

時代　商代後期
著録　《三代》17.23.3
　　　《集成》9270

文嫊己觥

 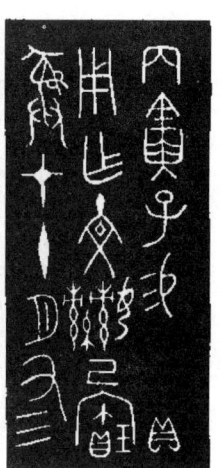

時代　商代後期
著録　《集成》9301.1-2

冀盉

時代　西周早期
著録　《集成》9304.1-2
收藏　日本東京根津美術館

冀戲盉

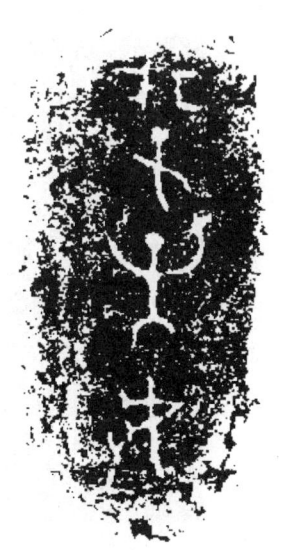

時代　商代後期
著録　《文物》1982年第9期第42頁
　　　《集成》9327

作公鼎鋬

時代　西周早期
著録　《三代》14.8.6
　　　《集成》9393
收藏　台北"故宮博物院"

冀兄辛壺

時代　商代後期
著録　《集成》9507.1-2
收藏　上海博物館

冀罍

時代　西周早期
著録　《集成》9737

冀叔罍

時代　商代後期
著録　《文物》1982年第9期第42頁
　　　《集成》9770
收藏　北京市文物研究所

冀且辛罍

時代　商代後期
著録　《文物》1964年第4期第45頁
　　　《集成》9806
收藏　山東省博物館

婦闌罍蓋

時代　商代後期
著録　《三代》5.8.7
　　　《集成》9820
收藏　廣東省博物館

冀父甲簋

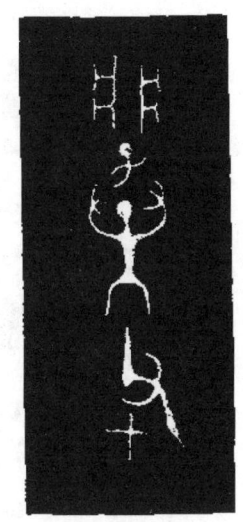

時代　西周早期
著録　《集成》10038

向器

時代　西周早期
著録　《三代》6.37.5
　　　《集成》10567

庚姬器

時代　西周早期
著録　《三代》6.44.2
　　　《集成》10576

夨戈

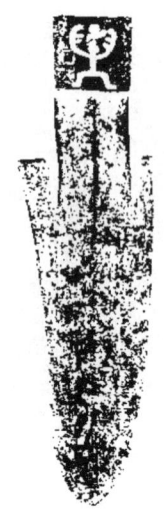

時代　商代後期
著録　《三代》19.14.3
　　　《集成》10647
收藏　北京故宮博物院

夨戈

時代　商代後期
著録　《集成》10648
收藏　中國歷史博物館

夨鐃

時代　商代後期
著録　《三代》18.6.5
　　　《集成》379

本圖形初版未收錄，二至四版僅採聑兓觶一器。

李孝定曰："字上從二耳，中從非，即乑之省，下從大而無頭，不可識。"此後未見有專家對它進行研究及論述。古時元、天、大、人皆為一字，與本觶圖有距離，確"不可識"。

但與（元）父戊角（《集成》8519）近似，能否視為耳族、北族、元族三族的複合圖徽，今採錄附此，供愛好者欣賞。

聑　即耳族。"春秋時楚老聃，姓李名耳，一名重耳（聃）"，以後以名為氏。

乑　有學都曾曰："此族上部所從之。"乑"乃北字之圖案化變體，乃古燕部族聯合中的一個分族"。"古之侯國、黃帝遷蚩尤之黨于北氏"。

兀　《說文》："高而上平也，从一在人上。"兀與元同字，首也，與天同意。

聑兓觶　　　　　　　　　　　　　父戊角

時代　商代後期　　　　　　　　　時代　西周早期
著錄　《三代》14.38.9　　　　　　著錄　《三代》16.44.5
　　　《集成》6155　　　　　　　　　　　《集成》8519

（兴）

　　本圖形李孝定曰："此爲人身正面象形字，兩臂上舉而不著手指，與大、天諸文並異。""細審惟小兒習作此狀，蓋子之異文。"初版未録，二版僅録丁鼎銘文，三版補録兴日戊鼎銘文，四版又補録兴父乙簋與兴父乙觥（實爲兴父乙觥蓋、器），今增補有兴形圖徽十七件。

兴日戊鼎　　　　　　　　　兴父乙觥（盖）

 　　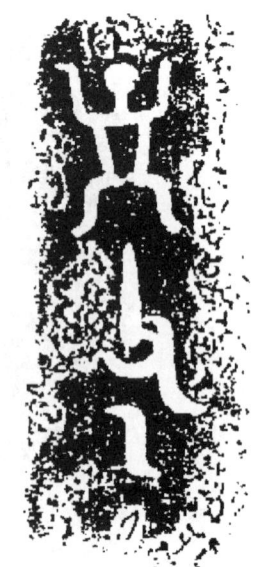

時代　西周早期　　　　　　時代　商代後期
著録　《三代》2.52.4　　　　著録　《集成》9268
　　　《集成》2124　　　　　收藏　上海博物館

兇父乙觥（器）

時代　商代後期
著錄　《集成》9268.2
收藏　上海博物館

丁　鼎

時代　商代後期
著錄　《三代》2.12.10
　　　《集成》1288

兇北子甗

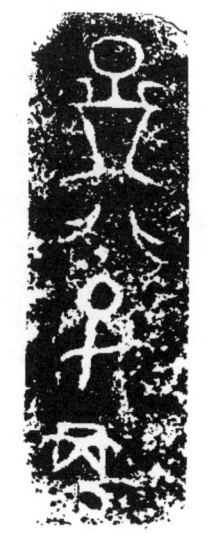

時代　西周早期
著錄　《集成》847
　　　《文物》1963年第2期
收藏　湖北省博物館

豐卣

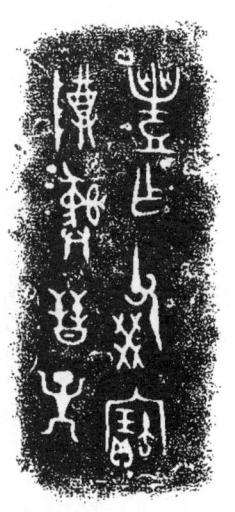

時代　西周早期
著錄　《集成》5346
收藏　上海博物館

戈觶

時代　商代後期
著録　《文物》1964年第4期第42頁
　　　《集成》6026
收藏　山東省博物館

亞戈觶

時代　商代後期
著録　《三代》14.32.4
　　　《集成》6157

戈觚

時代　商代後期
著録　《文物》1964年第4期第42頁
　　　《集成》6539
收藏　山東省博物館

戈觚

時代　商代後期
著録　《三代》14.12.5
　　　《集成》6541

丮作且乙觚　　　　　或父己觚

時代　商代後期　　　　時代　商代後期
著錄　《集成》7261　　著錄　《集成》7302
收藏　北京故宮博物院　收藏　北京故宮博物院

丮爵　　　　　　　　丮爵

時代　商代後期　　　　　　時代　商代後期或西周早期
著錄　《文物》1964年第4期第42頁　著錄　《集成》7332
　　　《集成》7331　　　　　　收藏　中國歷史博物館
收藏　山東省博物館

癸爵

時代　商代後期或西周早期
著錄　《集成》7333
收藏　北京故宮博物院

癸行爵

時代　西周早期
著錄　《三代》15.32.6
　　　《集成》8150

癸父丁爵

時代　西周早期
著錄　《集成》8444
收藏　北京故宮博物院

癸父丁爵

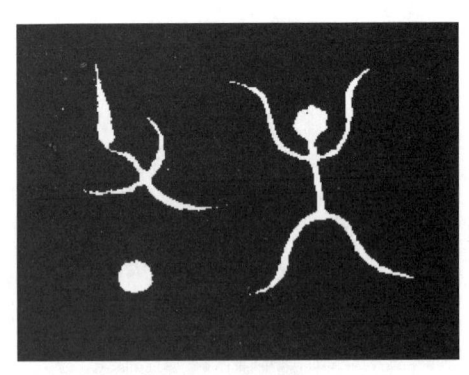

時代　商代後期
著錄　《集成》8445

兓父己爵

時代　商代後期
著録　《三代》16.12.7
　　　《集成》8537

兓父癸爵

時代　西周早期
著録　《集成》8669

兓父癸爵

時代　西周早期
著録　《三代》16.24.3
　　　《集成》8670

保鼎

時代　商代後期
著録　《三代》2.1.11-12
　　　《集成》1001.1-2
收藏　北京故宮博物院（盖）
　　　台北"中央博物院"（器）

保父丁簋

時代　西周早期
著録　《三代》7.3.4
　　　《集成》3180
收藏　遼寧旅順博物館

保父己斝

時代　商代後期
著録　《三代》13.51.5
　　　《集成》9214

保 爵

時代　商代後期或西周早期
著録　《三代》15.2.11
　　　《集成》7406

弢作父丁卣

時代　西周早期
著録　《集成》5275

本圖形初版已録，《集成》釋保。

吳榮光釋子八二字曰："八即有子八人，如高陽氏、高辛氏有子八人之比，釋爲析非也。"徐同柏釋子八曰："八，《說文》云別也，子旁著此禮大傳所謂別子也。"馬叙倫曰："倫謂㊗，即說文，古文保作呆者也。八在子旁，呆爲緥之初文。"

李孝定曰："舊釋子八二字，雖其說所謂別子，或有子八人者，未必可信，然就字形言之，釋子八不誤也，馬氏釋保，蓋緣說文保之古文作㊗而言。保字初作㊗，繼之作㊗，然金文保字實無省人形者。且保字右下二畫，其左畫爲後增，以與右畫相對稱者，斷無稱之右方作㊗之理，其實實可商也。"

保 《說文》："養也，从人、从采省。采，古文孚。㊗古文保，㊗古文保不省。"甲文作㊗㊗㊗，金文作㊗㊗㊗，㊗即㊗之省。金文作㊗者，多一飾筆耳，更進作㊗，則飾兩筆矣。

保父丁爵

時代　商代後期
著録　《三代》16.7.4
　　　《集成》8443

北子觶

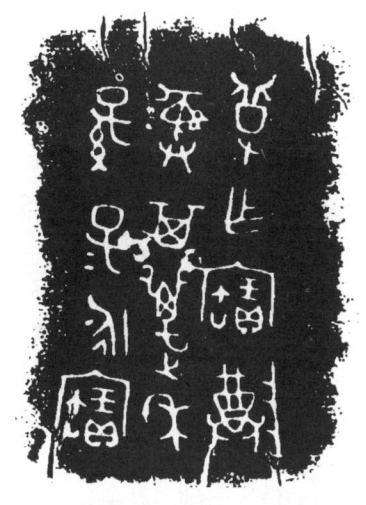

時代　西周早期或中期
著録　《三代》13.35.1（蓋）
　　　《集成》6507.1-2
收藏　北京故宫博物院

北子作母癸方鼎

時代　西周早期
著録　《三代》6.42.4
　　　《集成》2329

北 子 鼎　　　　　　北 子觶

時代　西周中期　　　　時代　西周早期
著録　《集成》1719　　著録　《集成》6476
收藏　湖北省博物館

北子父辛卣

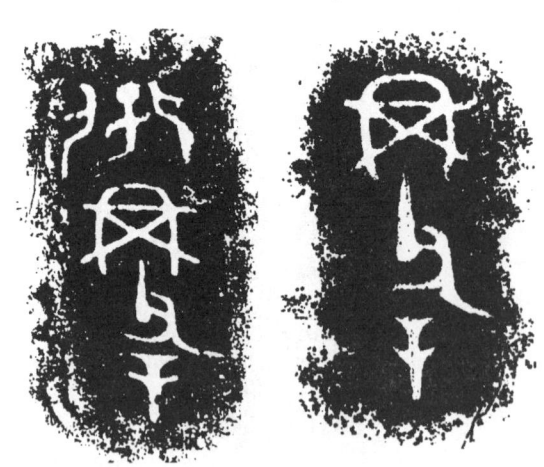

時代　商代後期
著録　《三代》13.4.7-8
　　　《集成》5165.1-2

本圖形，初版、二版未録，三四版始録耿父癸尊。

李孝定曰："不審何字。"周法高曰："象人手持耳形，'聝'或'取'字之古文也，至此當用爲人名，言此人爲父癸作器也。"《集成》釋爲"取"字。

取 《說文》："捕取也，从又（部首），从耳。"《周禮》："獲者取左耳。"《司馬法》曰："載獻聝。""聝者耳也。"古時先以割取首級（腦袋）稱馘爲數，量大不便，後以割取左耳（稱聝）計數，以報功（聝初文爲戝）。取通娶，古代取女（亦即搶婚）俗稱取女兒。

春秋時有郰姓，古代取慮氏之後，取慮故城在今江蘇睢寧西南。

取它人鼎

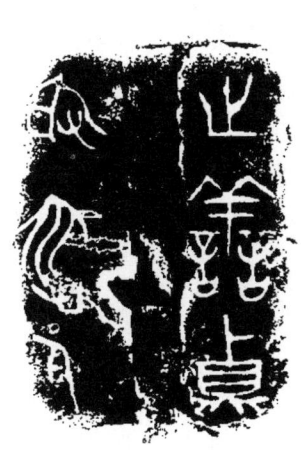

時代　春秋後期
著録　《三代》3.7.7
　　　《集成》2227

取父癸卣

時代　商代後期
著録　《集成》4994
收藏　北京故宮博物院

取膚盤

時代　春秋後期
著録　《三代》17.10.1
　　　《集成》4994

取膚匜

時代　春秋後期
著録　《三代》17.34.5
　　　《集成》4994
收藏　北京故宮博物院

本圖形三版即録珥󠄀舿銘文一件，珥󠄀鼎銘文一件，今補珥󠄀舿銘一件，簋銘文一件。

李孝定曰："從又、從嬰，上半疑兩耳形，字不可識。"

王恩田謂"此乃耳、手（又），嬰三族複合族徽。"

補①珥󠄀舿，《集成》隸定"妥（妥佣）珥"。

妥　甲文作　，從女、從手，字像一手撫一女子之形。本義是安。

李孝定釋："以手撫女，有安撫之意。"

金文作　等字形與甲文略同，或由甲文變化而成。

《説文》奪佚。古文妥爲綏，通'綏'。

（注：嬰、佣（朋）字初爲一字，見前023圖形釋意。）

珥　舿

時代　商代後期
著録　《録遺》325
　　　《集成》6928

耳 鼎

時代　商代後期
著録　《録遺》39
　　　《集成》1462

耳 觚　　　　　　　　簋

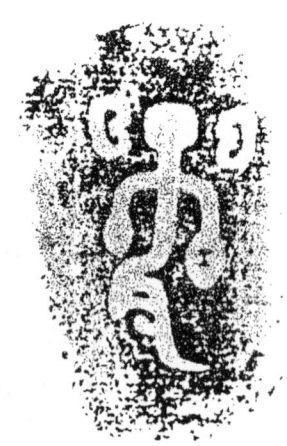

時代　商代後期　　　　時代　商代後期
著録　《録遺》39　　　著録　《録遺》39
　　　《集成》6929　　　　　《集成》2920
收藏　北京故宮博物院　收藏　丹麥哥本哈根美術博物館

本圖形初版錄嫩鼎，二版增錄父己鬲，三四版併爲一組。

柯昌濟曰："字從子戴口，中張齒形，卜辭有字。"

李孝定曰："此從齒從大，柯氏之說近之。古人制字，於人之官能，即以其器官表之。目主於視，故於人上著目作𥄗，即見字。望必舉首，舉首則目豎，故望字作𦣻。耳主於聽，故於人上著大耳作𦔮，即聖之古文。又作𦕅作𦖩，即聞之古文。準此論之，齒主於齧，疑此即齧，若噍等字之古文，惟未能遽定耳。"

《集成》釋齒。

齒 《說文》第38個部首："口齗骨也，象口齒之形，止聲。"
𦥒，古文齒字。甲文作𣥺𣥻𣥼𣥽等形，晚周加止爲音符，作齒，金文作𦥒，合於小篆爲形聲。楚簡字作 𣥺、𣥻，下方象形部件訛與"臼"形相近，已失古意。

 父己鬲　　　　　　 嫩鼎

時代　商代後期　　　　　　時代　商代後期
著錄　《三代》5.13.12　　　著錄　《三代》2.13.1
　　　《集成》481　　　　　　　　《續殷》上9.10
收藏　台北"中央博物院"　　　　　《集成》1488

齒受且丁尊　　　　　齒兄丁觶

時代　商代後期或西周早期　　時代　商代後期
著録　《三代》11.13.5　　　著録　《三代》14.48.11
　　　《集成》5714　　　　　　　　《續殷》下61.6
　　　　　　　　　　　　　　　　　《集成》6353

睪　　　　　　　　　齒木觚

　　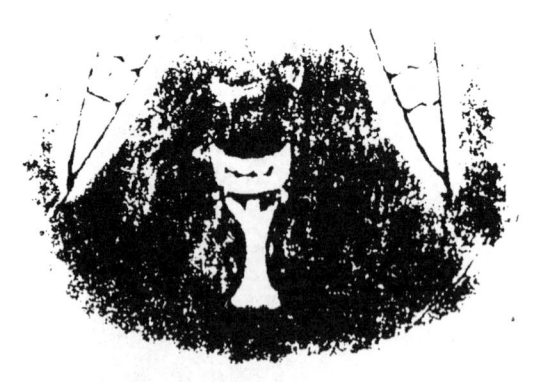

時代　商代後期　　　　時代　商代後期
著録　《三代》13.47.5　著録　《三代》14.18.5
　　　《集成》9107　　　　　　《續殷》下40.5
　　　　　　　　　　　　　　　《集成》7053

㇛ 戈

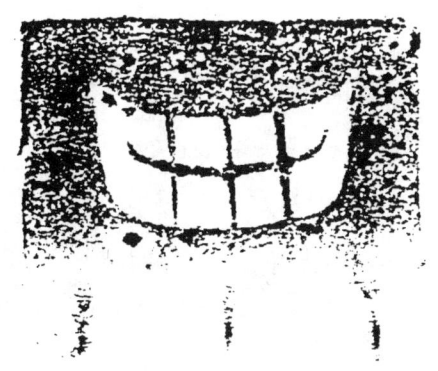

時代　商代後期
著録　《集成》10769

㇛ 戊爵

時代　商代後期
著録　《三代》15.34.3
　　　《集成》8208
收藏　上海博物館

木齒見冊鼎

時代　商代後期
著録　《集成》1762
收藏　北京故宮博物院

㇛ 戈

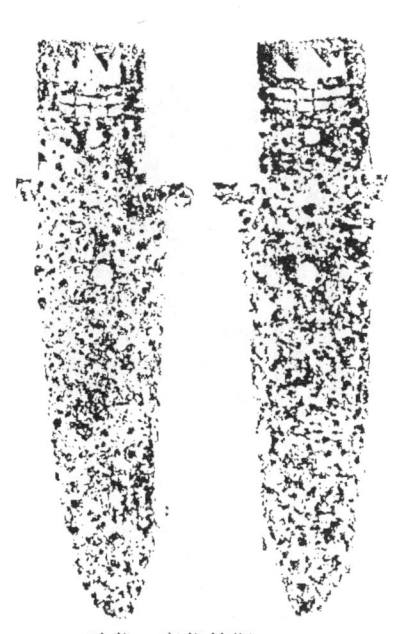

時代　商代後期
著録　《録遺》557
　　　《集成》10768
收藏　北京故宮博物院

木見齒冊尊

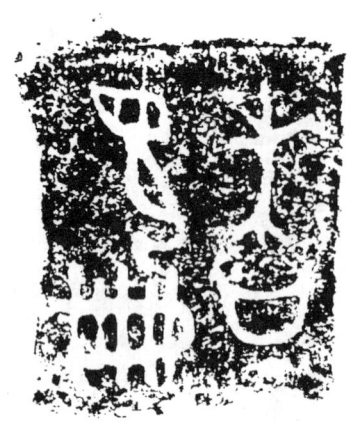

時代　商代後期
著録　《集成》5694
收藏　北京故宮博物院

木齒齒冊罍

時代　商代後期
著録　《録遺》213
　　　《集成》9792

木見齒冊戈

時代　商代後期
著録　《集成》10952

木見齒冊鐃

時代　商代後期
著録　《集成》400
　　　《綜覽》389頁鉦1（右）

木見齒冊鐃　　　　　　　　　　木見齒冊鐃

時代　商代後期　　　　　　　　時代　商代後期
著録　《集成》401　　　　　　　著録　《集成》402
　　　《綜覽》389頁鉦1（中）　　　　《綜覽》389頁鉦1（左）

本圖形二版錄伐觚一件，三版又錄伐甗戈一件，本書新增伐鼎等十件。《集成》釋伐，也釋戍。

李孝定曰："契文作𢦏，象戈、刃加人頸，擊之義也，非從人持戈。"

郭沫若曰："殷周古文伐字與戍字頗相亂，然亦有區別之處。伐象以戈伐人，戈必及人身。戍示人以戈守戍。"（古代戍一字，皆像人身戈。自衛爲戍，征人爲伐，不必强分爲二字。）

伐 《說文》："擊也，从人持戈，一曰敗。"甲文作𢦏𢦏，字像以戈砍人頸之形，本義是刑法砍人頭。金文略有變化作𢦏𢦏，人戈分離，即爲小篆之本。

戍 《說文》："守邊也，从人持戈。"甲文作𢦏𢦏，金文作𢦏𢦏，人在戈下。甲金略同，與伐字也形似。

伐甗戈

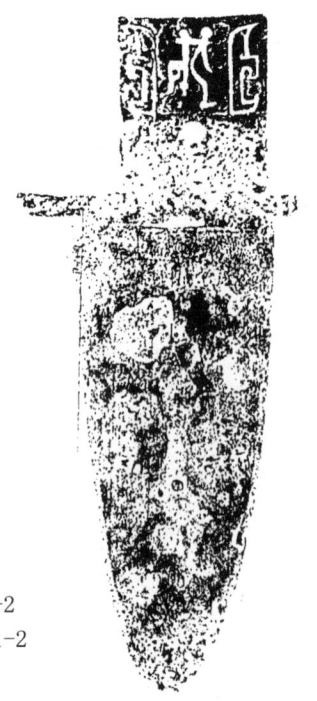

時代　商代後期
著錄　《三代》19.1.1-2
　　　《集成》10873.1-2
收藏　遼寧旅順博物館

伐觚　　　　　　　　伐鼎

時代　商代後期　　　　　　時代　商代後期
著録　《三代》14.16.10　　著録　《集成》1011
　　　《集成》6718　　　　收藏　美國紐約某氏處

亞伐卣

時代　商代後期
著録　《集成》4805
收藏　河北正定縣文管所

爵 爵

時代　商代後期
著録　《三代》15.2.6
　　　《集成》7398

時代　西周早期
著録　《集成》8184
收藏　美國紐約薩克勒氏處

伐鉞

時代　商代後期
著録　《集成》11723
收藏　美國哈佛大學福格美術博物館

伐鼖戈

時代　商代後期
著録　《集成》10872.1-2
收藏　上海博物館

伐鼖鉞

時代　商代後期
著録　《集成》11753
收藏　美國納爾遜美術館

本圖形三四版均收錄，但圖形漏摹，器名卣，錯定爲觶。

《金文詁林附錄》（1978·香港中文大學出版社）213頁，李孝定曰："字不可識。"將錯就錯，容易誤導後生矣。

按：此圖應爲手、戈、子三族複合族徽（僅供參攷）。

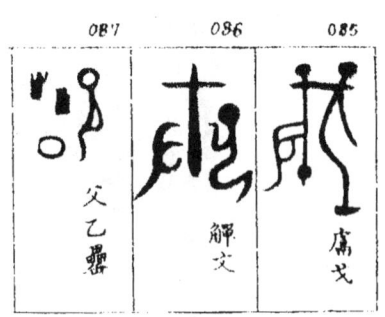

《金文編·附錄上》四版書影

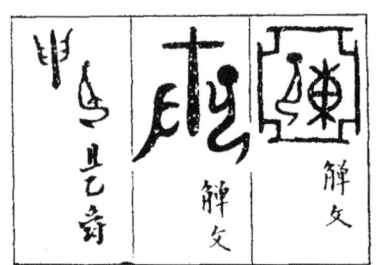

《金文編·附錄》三版書影

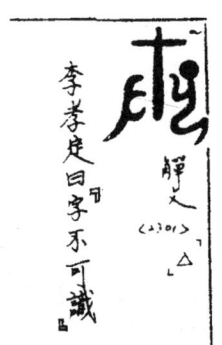

《金文詁林附錄》213頁書影

時代　商代後期
著錄　《集成》4775
收藏　美國紐約薩克勒氏處

本圖形初版即錄🔲斝銘文一件，圖形爲🔲、🔲合文，《集成》釋🔲爲咸。

吳大澂曰："器上作子負戌形，亦紀武功之器。"

李孝定曰："字不可識，字從戌，從○，乃斧盾之象。右從🔲，象人而斷其足，疑刵、跀之最古象意字。"

王恩田曰："乃丁、鉞、尿三字合文，鉞、尿爲二族複合族徽。"（《古代文明》第3卷，第267頁。）

吳、李、王三氏各有説法，均未確定字義，《集成》釋左形🔲爲咸，有其來源，現錄如下：

咸《説文》："咸、皆也，悉也。從口從戌，戌悉也。"許説非本義。吳其昌曰："咸之本義，乃爲一戌一碪相連之形。其後碪形之○，衍變成日，於是戌形雖顯，而碪義遂湮。由今考之，'咸'爲一戌一碪相連之形……一戌一碪相連，是可以殺也，故咸之本義爲殺。"李孝定又曰："吳其昌氏以殺爲咸之本義，較他説爲優。"甲文作🔲，與王氏釋丁、鉞意有出入，隸定爲咸、尿二族複合族徽較妥。

咸字之演變

🔲 斝

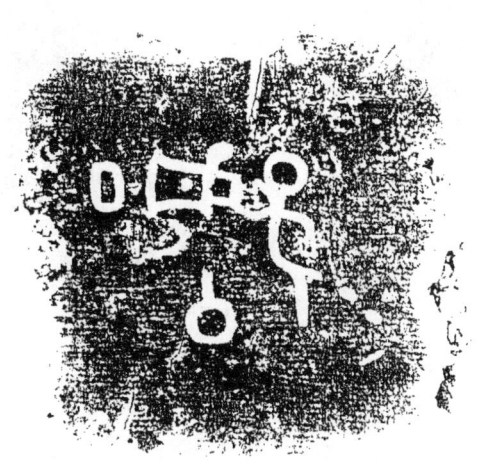

時代　商代後期
著錄　《三代》13.47.8
　　　《集成》911.8
收藏　上海博物館

咸 爵

時代　商代後期
著録　《三代》15.11.3
　　　《集成》7641

咸父甲鼎

時代　西周早期
著録　《三代》2.18.4
　　　《集成》1520

咸媒子作且丁鼎

時代　商代後期
著録　《三代》3.14.2
　　　《集成》2311

咸父乙簋

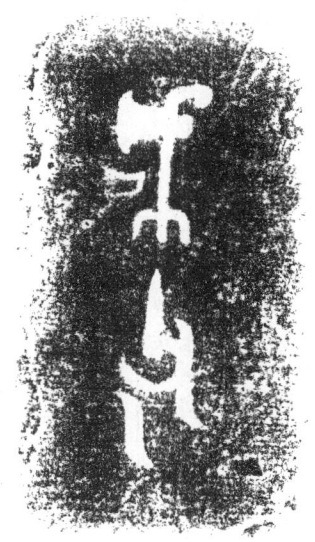

時代　商代後期
著録　《録遺》123
　　　《集成》3150

婦酏咸簋

時代　商代後期
著録　《三代》6.18.4
　　　《集成》3229
收藏　北京故宮博物院

咸妣癸尊

時代　商代後期或西周早期
著録　《三代》6.18.4
　　　《集成》5613

本圖形初版即錄該銘文的簋、觶、盤等三件,釋爲"北單",合補北單鼎、觚、盉、壺、矛等銘器十件。

阮元曰:"兩子夾單,即子執旗之義。單字作,象三辰之形。"方濬益曰:"舊釋皆以爲'單'之古文。按此字亦可釋爲干,左右爲二人相背之形、北之分文也。"馬叙倫曰:"倫按舊釋爲子,實二人耳,金甲文向背固不拘也。字舊釋爲單,嚴可均謂單當從曳省'疑單有車義'。以爲與旅之本字合成,乘之異。"丁山曰:"從二人隱遁於後,'依形應釋爲單'、依其從言釋盾爲宜,合而觀之適符周官之司戈盾。嚴氏釋乘异文,丁山釋盾,均有誤。"

李孝定曰:"字乃北單合文。"可信。北、單均爲古姓之説,有"有北"姓傳説古之侯國,黄帝遷蚩尤之黨於有北(後改爲北氏)。單爲族徽,係自姬姓,周成王封少子臻於單邑(故城在今河南孟津東南)爲畿内侯。卜辭中有東單西單與南單、北單等地名,爲後秦族所分化爲氏外,也與其他族徽合成複合族徽(前053圖形),與光族複合爲單光族徽。郭沫若曰:"單當是作器者之國族。"

北單簋　　　　　　　　　　北單觶

時代　商代後期　　　　　　　時代　商代後期
著錄　《三代》6.1.7　　　　著錄　《三代》14.32.3
　　　《集成》3120　　　　　　　　《集成》6188

北單戈盤

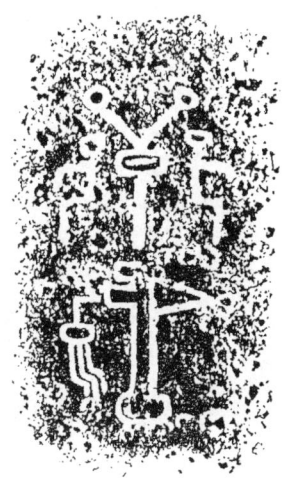

時代　商代後期
著錄　《錄遺》484
　　　《集成》10047
收藏　北京故宮博物院

北單戈鼎

時代　商代後期
著錄　《錄遺》484
　　　《集成》1747
收藏　日本奈良寧樂美術館

北單戈鼎

時代　商代後期
著錄　《錄遺》484
　　　《集成》1748
收藏　日本都藤井有鄰館

北單戈鼎

時代　商代後期
著錄　《錄遺》484
　　　《集成》1750
收藏　北京故宮博物院

北單觚

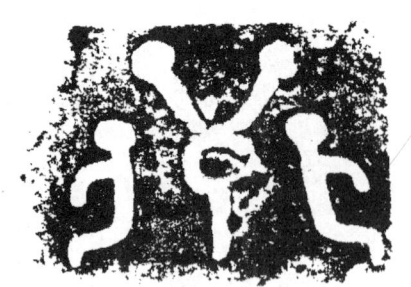

時代　商代後期
著錄　《録遺》484
　　　《集成》7017

北單戈觚

時代　商代後期
著錄　《録遺》484
　　　《集成》7195
收藏　中國歷史博物館

北單戈父丁盉

時代　商代後期
著錄　《録遺》484
　　　《集成》9389

北單戈壺

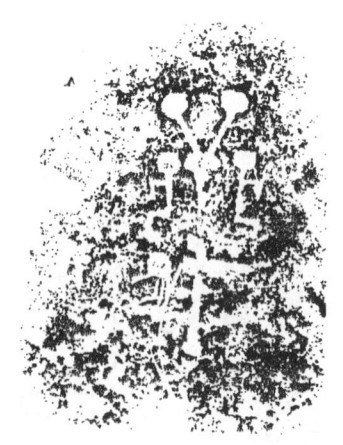

時代　商代後期
著錄　《録遺》484
　　　《集成》9508
收藏　日本淺野楳吉收藏

北單戈方彝

時代　商代後期
著錄　《錄遺》484
　　　《集成》9868
收藏　美國紐約薩克勒氏處

北單矛

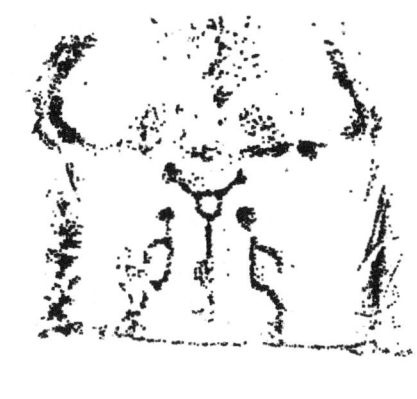

時代　商代後期
著錄　《錄遺》484
　　　《集成》11445
收藏　中國歷史博物館

北單矛

時代　商代後期
著錄　《錄遺》484
　　　《集成》11446
收藏　中國歷史博物館

本圖形三版已錄，隸定釋意與前文均同，可參閱之。

北單戈爵　　　　　　　　　北單爵

時代　商代後期　　　　　　時代　商代後期
著錄　《三代》15.38.2　　　著錄　《三代》15.3.8
　　　《集成》8807　　　　　　　《集成》8178
　　　　　　　　　　　　　　收藏　北京故宮博物院

北單從鼎

時代　西周早期
著録　《三代》2.52.6
　　　《集成》2173
收藏　北京故宮博物院

北　單　鐃

時代　商代後期
著録　《三代》2.52.6
　　　《集成》388

北　單　鐃

時代　商代後期
著録　《三代》2.52.6
　　　《集成》389

北　單　鐃

時代　商代後期
著録　《三代》2.52.6
　　　《集成》390

本圖形二版已録，《集成》釋旅。

李孝定曰："從丮，另一偏旁當象器物之形，字不可識。"

旅　《説文》："軍之五百人爲旅，从㫃、从从。人，俱也，古文旅，古文以爲魯衞之魯。"甲文作 ，從衆人，其旁像旗幟形，字像衆人集於軍旗之下，以示軍隊將遠征。本義是軍旅。金文字形變化較大，或增從辵，從車，或簡省字形。

劉心源曰："自宋人釋爲子執旗，沿譌至今，幾成鐵案，不知即旅字也。"

郭沫若曰："許書'古文以魯衞之魯'。魯本殷時古國，疑其初民本以此圖形（ 或 ）爲其狼徽也。""舊説旅爲祈禱天地山川，實則祀人鬼，亦可稱旅。"旅爲古代祭名。方濬益謂："凡曰旅者皆族祭之器。"

旅父辛鼎　　　　　　　　旅尊

時代　商代後期或西周早期　　時代　商代後期
著録　《集成》1632　　　　著録　《三代》11.1.1
　　　　　　　　　　　　　　　　　《集成》5448

竹🅁卣

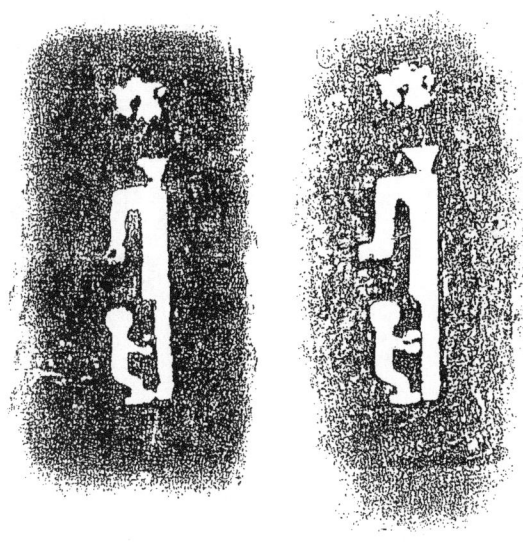

時代　商代後期
著録　《三代》12.43.1-2
　　　《集成》4852.1-2
收藏　上海博物館

旅觚　　　　　　　　　　旅觚

時代　商代後期　　　　　時代　商代後期
著録　《三代》14.13.3　著録　《三代》14.13.4
　　　《集成》6532　　　　　　《集成》6533

旅觚　　　　　　　　　旅爵

時代　商代後期　　　　　時代　商代後期
著録　《集成》6534　　　著録　《集成》7423

旅爵

時代　商代後期
著録　《三代》15.3.6
　　　《集成》7425

旅 爵

時代　商代後期
著録　《集成》7427
收藏　北京故宮博物院

旅 爵

時代　商代後期
著録　《三代》15.3.4
　　　《集成》7422
收藏　遼寧省博物館

旅爵

時代　商代後期
著錄　《集成》7426
收藏　上海博物館

旅器

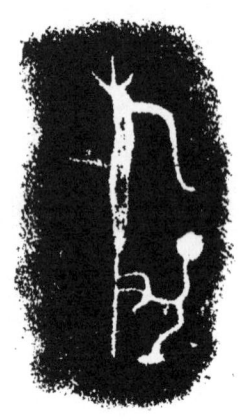

時代　商代後期
著錄　《三代》6.1.3
　　　《集成》10487

旅戈

時代　商代後期
著錄　《錄遺》554
　　　《集成》10653

本圖形二版即錄🝆戈銘文一件。

李孝定曰："當爲'斿🝆'二字合文。"字義未明，《集成》隸定旃，釋爲斿。

旃 《說文》："旗曲柄也，所以旃表士衆。从㫃，丹聲。周禮曰：'通帛爲旃。'氊、旃或從亶。"古代赤色，無飾曲柄的旗子。

斿 《說文》："旌旗之旒也。"古代旌旗末端直幅、飄帶之類的下垂飾物。或作遊，從㫃，汙聲。

🝆見364圖形解釋。

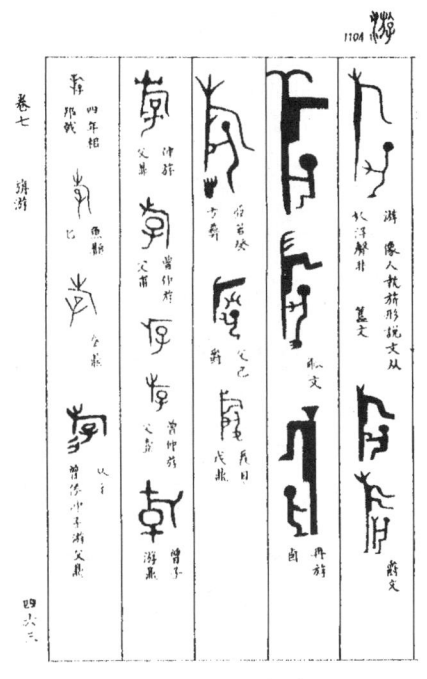

《金文編》四版書影

戈

時代　商代後期
著錄　《三代》19.9.4
　　　《集成》10646
收藏　上海博物館

本圖形爲四版新增補73種圖徽之五，《集成》釋爲刊、享册。刊，乃是北、刀二族複合圖。

刊 《字彙補》曰："摩也。"《説文》："摩，研也。从手，麻聲。"以不相摩，同磨，以磨洗器具爲業者。

享 《説文》："獻也。从高省，象進孰物形。《孝經》曰：'祭則鬼亯之。'享，篆文亯。"吳大澂曰："古亯字象宗廟之形。"後世亯、饗多混用，古亯字後分化爲亨、享、烹三字，古籍多通用。甲文作𠆢𠆢，獨體象物字，古建築物形。金文略變，見右四版書影例字。

册字簡介見下頁（075）圖形。

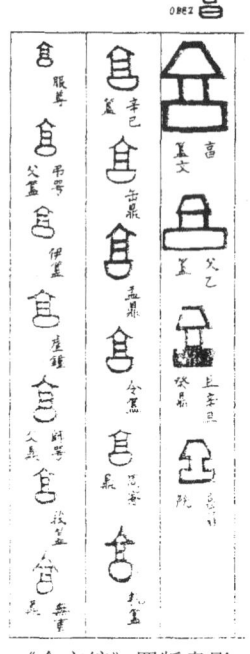

《金文編》四版書影

 享册瓢　　　增補　　　 享册瓢

時代　商代後期　　　　　　時代　商代後期
著録　《集成》7167　　　　著録　《集成》7168
收藏　美國波士頓美術博物館　　收藏　美國波士頓美術博物館

𐬼享册觚

時代　商代後期
著録　《集成》7169
收藏　上海博物館

𐬼享册觚

時代　商代後期
著録　《集成》7170
收藏　上海博物館

𐬼享册器

時代　商代後期
著録　《録遺》614
　　　《集成》10526

本圖形爲四版新增補73種圖徽之六與074圖形相通。'刊'字，一個像人側身拿刀形，一個爲正面提刀形。

册 《説文》："符命，諸侯進受於王也。象其札一長一短，中有二編之形。笧是古文册字，从竹。"册以策告，祝以辭告，"其札或三或四或五，多少不等。其長短或齊與不齊，亦似用筆之變，非果有參差，其實册本是簡編通名。金文中有不少兩册左右相同并排的，含有册字的金文約有一百三十多例中，含有兩種并排之形的就有五十一器之多。"

享字簡介見前頁（074）圖形。

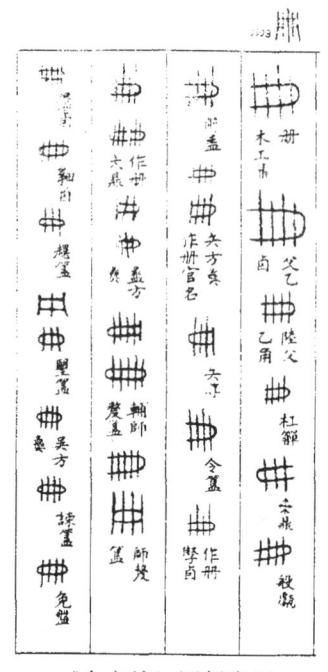

《金文編》四版書影

册享尊

册享觶

時代　商代後期
著録　《集成》5689

時代　商代後期
著録　《集成》6358
收藏　英國倫敦克里斯蒂氏處

本圖形二三版已録，㿝簋（即㿝方彝）。

四版增録龠作父丁簋，本書新增補尊、卣、盉、觥等銘文七件。《集成》隸爲"丏"與"甫"。

除李孝定曰"從臼、從甫，不知何字"外，未見專家對此考説或釋義。今據"丏"、"甫"二字形義，分別簡介供參考。

丏　《説文》："不見也，象雍蔽之形。"甲文作丏字應從"人"，以"一"示雍蔽之意。林義光曰："古作丏象人頭上有物蔽之之形。小篆作丏者，從勹即人之變，乙象有物在其上級前擁蔽之。"

甫　《説文》："男子之美稱也，从用父、父亦聲。"於此許説非本義。甫甲文作圃甫甫，羅振玉謂："以爲象田中有蔬，乃圃之最初字。"王襄曰："古甫字、圃之重文。"殷金文田上之屮形始向左彎曲甫。西周早期聲化爲用、父聲，戰國異形多在"用"部變化。甲文會意義爲圃之初文，金文從用父聲，變爲形聲字，與本義分別。

按以上"丏"、"甫"二文解形釋意，疑爲二人（與一人同），在圃内操作形，當爲某族徽變形之一。

方彝

時代　商代後期
著録　《三代》16.39.7
　　　《集成》9844
收藏　美國紐約大都會博物館

龠作父丁簋

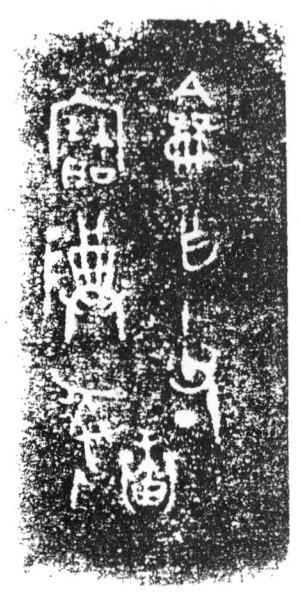

時代　西周早期
著錄　《三代》16.39.7
　　　《集成》3652
收藏　廣東省博物館

甫父乙尊

時代　西周早期
著錄　《三代》11.7.1
　　　《集成》5619
收藏　台北"故宮博物院"

孟卣

時代　西周早期
著錄　《三代》13.38.1-2
　　　《集成》5399
收藏　遼寧旅順博物館（蓋）北京故宮博物院（器）

丐甫尊　　　　　　　　　　盉

時代　西周中期　　　　　　　　時代　西周早期
著録　《三代》13.38.1-2　　　　著録　《三代》13.38.1-2
　　　《集成》5576　　　　　　　　　　《集成》9309
收藏　美國米里阿波里斯美術館　　收藏　英國倫敦不列顛博物館

觥

時代　西周早期
著録　《三代》13.38.1-2
　　　《集成》9252.1-2
收藏　美國紐約大都會美術博物館

爵

時代　商代後期或西周早期
著録　《集成》7727
收藏　遼寧省博物館

爵

時代　西周早期
著録　《三代》15.15.11
　　　《集成》7729

代後記：編後雜談

　　早在七千多年前就出現了陶制的鼎，銅鼎則是商周時期最爲重要的禮器。在古代，鼎是貴族身份的代表。典籍有天子九鼎、諸侯七鼎、大夫五鼎、元士三鼎或一鼎制度。

　　鼎也是國家政權的象徵。據《左傳》記載，"桀有昏德，鼎遷於商；商紂暴虐，鼎遷於周"。西周銘文是全盛時代。亦有將法律條文記得在鼎上，以顯示法律的莊嚴。銘文內容涉及奴隸制度、土地制度、宗族制度、分封制度、軍事制度等。所以，郭沫若説西周銘文"有書史之性質"（《周代彝銘進化觀》）文化價值。

　　1919年在西南秦嶺出土的"秦公簋"，其蓋、器身聯銘，合而成一篇完整的105字祭祀文章。通過銘文告訴我們這是一件祭器。商周社會，青銅器從王室到一般中小奴隸主貴族，都要舉行隆重祭禮天地祖宗，以示家族的榮耀和個人的顯赫功業，在青銅器上表現尤爲突出。秦公表達自己對上天神靈的崇敬，對祖先功烈的頌揚，以祈望庇蔭子孫後代，天長地久，興旺發達。尤其是周代的銘文，成爲研究當時語言文字的重要資料，並具有一定的文學價值。

　　1939年出土於河南安陽武官村的司母戊鼎（商後期約公元前14世紀至公元前11世紀），鼎四周鑄造有精巧的盤龍紋和饕餮紋。饕餮是傳説中貪吃的野獸，青銅器上鑄造此圖案表示吉祥、豐衣足食。古人認爲，鼎上的花紋有鎮邪的作用。

　　青銅器圖徽藴含着深厚的歷史文化內涵，同時反映了當時社會政治、經濟、科技、文化的現狀及程度。從西周鐘鼎器銘文所見姓氏的產生與圖騰崇拜有密切關係。作爲象形字的漢字，究其根源，大部分漢字都是一個獨立圖案畫，同樣每個不同圖案的姓氏，也就代表了各個種族的標志。姓氏是圖騰的化身，圖騰就是姓氏的原形。

　　《商周金文族徽選編》一書的編著，是胡琦峻先生相繼編著出版《百家姓印譜》《新編百家姓印譜》《續百家姓印譜》《增擴版百家姓印譜》《漢代官印選》《三堂印選》《清代官印選》之後，經過幾十年對璽印及圖形文字的研究整理，生前期待能出版的最後一部書。

　　胡琦峻先生是中國書法家協會會員。他博學多才，一生酷好中國古典文學、甲骨文、青銅器上的銘文字、圖形、楚竹簡文字等，集詩書、畫、印、篆刻於一身。清人李瑞清説："書家不學篆，猶文家不通經"。在他的書法作品中，一幅作品完成時，他都是根據其作品意境，自刻篆印、圖騰加蓋點綴，以達到完美境界。他終生刻苦鑽研金三石學。精通書法、篆刻、詩詞、字畫。在傳承中國傳統文化的作品中，胡先生有過目不忘文的記憶力。

　　在特殊的年代裏，無書可讀。幾乎忘却了自我，忘却了祖先。無奈中他偶得一册《説文解字》，半部《姓氏孝略》如獲珍寶，夜夜偷讀。劫後重新恢復工作，有機會讀到很多，有關姓氏，青銅器銘文、甲骨文等古籍。從古代神話及傳説中，了解到我們祖先在數十萬年前就居住、勞作、繁衍在中華大地上；了解到有關祖先們生存與發展的豐富資料；了解到他們如何創造圖騰、姓氏，揭開了我國姓氏史、文學史，開始了文字、姓氏文化的發展。

　　他對容庚先生《金文編》研究細致深入。容庚先生的《金文編》，自1925年問世至今已有90年。一直受到學術界的高度重視，認爲是一部在金文形體方面最好的字典，是閱讀、研究金文的必讀書。而《商周金文族徽選編》又增衭了圖形文字，并對青銅器上的圖文進行析解編釋。金文摹寫本最新途徑最精，在學習研究中他發現，文摹寫本有些與原銘文拓片字形總有一定的距離。爲此，胡琦峻先生按中華書局第四版《金文編》中610文摹本圖形文字，補配原拓片圖錄，整理出新版式的參考資料册。2006年將樣頁送中華書局總編室。他們認爲很有意義考慮出版，後因資金問題當時未能出版。爲了進一步研究、學習，胡先生節衣縮食，將攢下的錢全部買了有關甲骨文、金文、古文字等書籍。

　　《商周金文族徽選編》一書，胡琦峻先生的潛心投入，學習、查證、考究諸多相關資料，灾現了三個突破。第一，收集增補了圖形；第二，對每個圖形附注了"時代、著録（出處）、收藏（標明國內外各博物館等收藏單位與個人某氏）"，以便學者查閱；第三，過去出版過的此類書籍或祇有象形字，沒有原圖，祇有原圖沒有象形字。

他將全部精力都投在了書法金石之上。季羨林先生曾在爲胡琦峻（亞曼）先生編著的《增廣百家姓印譜》寫的"序"中這樣論道："過去我們常説五千年中華文明。但是，根據最新考古發掘的結果，中國可能在距今八千年以前就已經有了文字的萌芽。我們的文明史一下子拉長了三千年。是在古代埃及文明和兩河流域文明的前面了。有這樣悠久而又光輝燦爛的文化，如果不去努力弘揚，將何以前對子孫呢？"在"序"中他還這樣評價："胡琦峻（亞曼）先生是一個有心人。他多才多藝，從事圖書館事業，而又擅書法、善篆刻……在弘揚文化之中，胡先生默默的做了一件別人疏忽而又非常有意義的工作"。

《商周金文族徽選編》傾注了胡先生數十年的精力與心血。是浩瀚淵博的中國歷史文化緊緊地吸引着他；是幾千年歷史中神奇美妙的故事如他所言"引起我極大的興趣"；是中國傳統歷史文化傳承的責任使命感催促着他。數年來，那了了幾文的潤筆何足以他的追求與付出的心血，這才是真真正正做學問。他終生苦學，並持之以恒幾十年如一日堅持。

伴隨中華民族走過近八千年歷程，爲了使胡先生幾十年來對中華青銅器上的鐘鼎文字研究成果不至失傳，我責無旁貸地承擔起爲先生出版這部《商周金文族徽選編》的重任，以了却他多年的心願。如果胡先生的書能夠對後人深入學習金石文有所幫助，能對中華民族優秀文化遺產的傳承有所貢獻，我想胡先生也定會含笑九泉了。

《商周金文族徽選編》的出版，得到了學苑出版社社長孟白先生的關注和大力支持，及編輯劉小燦、洪文雄先生、楊雷女士的支持，值此，致以衷心的謝忱。及好友冀勤、季月華女士的熱情幫助，再次表示感謝。

由于臨時授丈夫胡琦峻囑托，編者學識淺薄又是外行人，有不當之處，敬請專家學者、讀者給予斧正。

胡琦峻妻　王新春
2015年8月